W0068417

Matthias Mala

Das
Gänseblümchen
Orakel

Mit 16 Gänseblümchen

BASTEI
LÜBBE

Bastei Lübbe Taschenbuch
Band 60522

1. + 2. Auflage: Mai 2003

Vollständige Taschenbuchausgabe

Bastei Lübbe Taschenbücher ist ein Imprint
der Verlagsgruppe Lübbe

© 2001 by Heinrich Huggendubel Verlag, Kreuzlingen/München
Lizenzausgabe: Verlagsgruppe Lübbe GmbH & Co. KG,
Bergisch Gladbach

Zeichnungen im Inhalt: Matthias Mala
Umschlaggestaltung: Tanja Østlyngen
Titelbild: Premium, Josh Westrich
Satz: Textverarbeitung Garbe, Köln
Druck und Verarbeitung: Ebner & Spiegel, Ulm
Printed in Germany
ISBN 3-404-60522-5

Sie finden uns im Internet unter
http://www.luebbe.de

Der Preis dieses Bandes versteht sich einschließlich
der gesetzlichen Mehrwertsteuer.

Inhalt

Einleitung

Wer kennt es nicht, das Gänseblümchen-Orakel, das frisch Verliebte so gern befragen? »Sie liebt mich, sie liebt mich nicht« oder »er liebt mich, er liebt mich nicht«, so flüstern sie mit zusammengesteckten Köpfen im Gras, während sie an den Blütenblättern eines Gänseblümchens zupfen, bis schließlich mit dem letzten zarten Blättchen, das die Blüte verliert, das Orakel spricht. Doch egal wie es ausfällt, es dient der Liebe. Spricht es für die Liebe, wird sie sogleich mit einem Kuss besiegelt. Spricht es dagegen, wird die Liebe in gleicher Weise neu beschworen. Es ist folglich weniger ein Orakel als ein neckisches Spiel, das sie da treiben.

Wer will, darf das Gänseblümchen-Orakel nach dem Maß der Gegenliebe mit diesem alten Spruch noch genauer befragen:

Zauberblume, gelb und weiß,
Lehr' durch deinen Blätterkreis,
Ob die (der), die (den) mein Herz sich denkt,
Mir auch Gegenliebe schenkt.

Pflücken Sie sich hierzu ein schönes, sattes Gänseblümchen und zupfen Sie, während Sie den kleinen Vers aufsagen, rhythmisch an den Blütenblättern. Zupfen Sie großzügig mit jedem Ruck mehrere Blätter auf einmal ab. Doch achten Sie darauf, dass zum Ende des Verses am Köpfchen des Blümchens noch ein knapper Rest von Blütenblättern übrig bleibt. Denn die Zahl dieser verbliebenen Blätter entscheidet über das Maß der Gegenliebe. Zählen Sie nämlich die restlichen Blütenblätter ab, gibt Ihnen das Orakel je nach Zahl der verbliebenen Blättchen Folgendes zur Antwort:

1 Blatt	=	Wenig	7 Blätter	=	Nur für kurze Zeit
2 Blätter	=	Niemals	8 Blätter	=	Schüchtern
3 Blätter	=	Lau	9 Blätter	=	Über alle Maßen
4 Blätter	=	Von Herzen	10 Blätter	=	Eifersüchtig
5 Blätter	=	Schwärmerisch	11 Blätter	=	Nur zum Spaß
6 Blätter	=	Mit süßem Schmerz	12 Blätter	=	Für die Ewigkeit

Zählen Sie indes mehr als zwölf Blätter am gerupften Blütenköpfchen, sollten Sie sich fragen, ob Sie denn selbst überhaupt verliebt sind.

Freilich ist solches Orakeln nicht nur ein neckisches Spiel für frisch Verliebte; im spielerisch scherzhaften Erkunden liegt bereits, wie beinahe hinter jedem Scherz, ein Stückchen Ernst. Hier ist es die Ausführung des nicht ernst gemeinten Orakels, dessen Ergebnis beim Geliebten ebenjene Reaktion hervorrufen soll, aus der sich die Tiefe und Festigkeit der Gegenliebe ermessen lassen. Vielmehr kann das Gänseblümchen, sobald man sich seiner tieferen Symbolik bewusst ist, auch zum idealen Medium für ein ernsthaftes Orakel werden. Schließlich kommt es nicht von ungefähr, dass sich das oben erwähnte Gänseblümchen-Orakel bis heute erhalten hat und mit Gewissheit bis in die ferne Zukunft hinein von Liebenden stets aufs Neue mit süßem Bangen befragt wird.

Wie das Schicksal zu uns spricht. Befragen wir ein Orakel, so erwarten wir, dass es auch zu uns spricht. Das erklärt zugleich seinen ursprünglichen Wortsinn, denn Orakel leitet sich vom Lateinischen »orare« ab, was »reden« oder »sprechen« bedeutet. Spricht also das Orakel mit uns, spricht in einem übergeordneten Sinn »das Wort« zu uns. Es ist »das Wort« in einer metaphysischen Bedeutung, die wir im und hinter dem Orakel vermuten. Es trägt etwas vom Hauch der Zeitlosigkeit mit sich.

Auch wenn wir heute nicht so weit denken wollen und eher dazu neigen, ein Orakel profan zu verstehen, und dementsprechend das mögliche Wissen um die Zukunft unserem sechsten Sinn zusprechen.

Früher hatten die Menschen weniger Scheu, in der Stimme des Orakels die Stimme der Götter zu erkennen. Die Auffassung Salomons: »Der Mensch wirft das Los; aber es fällt, wie der Herr will« (Sprüche 16,33), war seit Menschengedenken eine Selbstverständlichkeit. Die Zukunft war etwas Dunkles, auf die Menschen Zukommendes, das sich erst erhellte, wenn es von der Sonne beschienen wurde. Die uns heute selbstverständliche Vorstellung von der Zukunft als einem erfassbaren Raum, in den heute angelegte Strategien langfristig gestaltend hineinwirken, wurde einst nicht gedacht. Ein die Menschen ereilendes Glück oder Unglück galt als Schicksalsschlag, als ein Eingriff des Numinosen in das an sich gleich bleibend Fortwährende. Ja, vor 1000 Jahren gab es noch nicht einmal einen Begriff für Zukunft. Bis dahin wurde Zukunft lediglich als das Herankommende gedacht, das bereits im Tag wurzelte und ihn fortsetzte. Sie war allenfalls das den Tag Erhellende oder ihn Verschattende, das sich durch Vorzeichen ankündigte.

Auch wenn wir heute eine andere Vorstellung von Zukunft haben, ist uns die hergebrachte Denkweise, oder besser gesagt Empfindung für das Künftige, keineswegs fremd. Erkennbar wird diese Unterscheidung zwischen Kommendem und Zukünftigem, sobald wir ein Orakel bemühen. Fragen wir beispielsweise nach unserem Liebesglück und das Orakel stellt uns eine beglückende Zweisamkeit in Aussicht, sind wir augenblicklich mit unserem Schicksal versöhnt, auch wenn unsere Sehnsucht nach Glück damit noch keineswegs gestillt ist. In gleichem Maße drückt ein vorausgesagtes privates Unglück auf unsere Stimmung. Prophezeien hingegen Wissenschaftler, wie es seit Jahrzehnten schon geschieht, aufgrund gewichtiger Fakten eine kommende Klimakatastrophe, lässt dies viele ziemlich unbeteilig. Solche Empfindungslosigkeit gründet nicht darin, dass uns allgemeine zukünftige Ereignisse privat nur wenig berühren, sondern vielmehr in dem Umstand, dass wir sie durch gesetzte Strategien grundsätzlich für beherrschbar halten. Die Antworten auf Fragen aber, die wir auch heute noch an ein Orakel richten, sehen wir weniger in einer kalkulierbaren Zukunft, sondern wähnen uns hierbei schicksalhaft verflochten. Und so erleben wir den Spruch eines Orakels primär als ein Fatum, eine Schickung, der wir nicht ausweichen, sondern auf die wir uns lediglich vorbereiten können. – Wobei je nach der Qualität eines Spruches diese Vorbereitung dazu dient, den versprochenen Nutzen oder Schaden, sobald er eintritt, zu mehren oder zu mindern.

In dieser Weise betrachtet, ist ein Orakel in der Tat ein gewichtiges »Wort«. Entsprechend wurde es auch durch die Jahrtausende hindurch verstanden. Das Kommende lag ebenso wie das Vergangene im Dunkeln, und nur die Götter vermochten es zu erhellen. Demzufolge war es auch eine der Aufgaben der Priester, Orakel einzurichten und zu befragen. Hierbei griffen sie sowohl auf althergebrachte Methoden zurück, verfeinerten sie und gaben ihnen Struktur – so etwa in Gestalt diverser Wurforakel, die so gut wie jeder Kultur eigen waren. Andererseits ersannen sie neue Orakel, so zum Beispiel die Schriftorakel, von denen am bekanntesten die Bücher der Sibylle waren, die im Römischen Reich den Rang eines Staatsorakels innehatten. Andere Priester wiederum begaben sich in die Dunkelheit der Tempel, um sich in Trance zu versetzen und den Göttern ihre Stimme zu leihen. Meist sprachen sie dann aus einer Kammer hinter dem Altarraum durch eine kleine Öffnung zum Fragesteller. In den jungsteinzeitlichen Tempelresten auf Malta, das zu seiner Zeit eine berühmte Orakelstätte war, haben wir erste Zeugnisse solch ekstatischer Orakel. Auch die Dunkelheit des Vergangenen wurde bemüht, um das Dunkel des Kommenden zu erhellen: Man beschwor die Toten mithilfe des Orakels. Im antiken Griechenland war dieser Orakelgebrauch bei der Priesterschaft weit verbreitet. Wieder andere Priester griffen auf das überlieferte Wort der Götter zurück und ließen den Zufall oder auch Kinder in ihren heiligen Büchern blättern, um eine Textpassage auszuwählen, die ihnen dann als Offenbarung galt. Im bis heute erhaltenen Bibelstechen, das zur Enthüllung göttlichen Willens in der frühen christlichen Kirche gang und gäbe war, ist diese Orakelmethode noch gegenwärtig. Hierzu wird die Bibel auf einer beliebigen Seite aufgeschlagen und blindlings auf einen Vers gedeutet, der auf eine gestellte Frage Antwort geben soll.

Doch nicht nur zur Erhellung des Kommenden, sondern auch zu wichtigen anstehenden Entscheidungen wurden die Orakel befragt. Hier war die Antwort des Orakels eine ernst genommene und wichtige politische Entscheidungshilfe. Das Wohl und Wehe des Herrschers wie des Volkes wurde dem weisen Spruch der Götter anheim gegeben. Oft geschah dies jedoch weniger aus Demut als vielmehr in der Voraussicht, bei einer sich nachträglich als falsch erwiesenen Entscheidung sich im Vorhinein zu entlasten. Wie ernst derartige durch das Orakel erfragte Weisungen der Götter genommen wurden, erwähnte zum Beispiel der römische Schriftsteller Plutarch. Danach habe Cäsar die Schlacht gegen den germanischen Fürsten Ariovist (58 v. Chr.) auf Raten seiner Seherinnen, die unheilvolle Vorzeichen aus dem Wasser gelesen hatten, bis zum Vollmond verschoben. Nach dieser Zwangspause schlug Cäsar die Mannen Ariovists. Aber auch auf der gegnerischen Seite war das Orakel befragt worden. Hier fragte sich Ariovist, ob er den gallischen Unterhändler Vallerius Procillus gleich oder erst später hinrichten sollte. Zur Beantwortung dieser Frage hatte man an drei aufeinander folgenden Tagen vor dessen Augen das Los geworfen. Procillus blieb durch den Willen der Götter verschont, und Cäsar befreite ihn nach der Schlacht aus seinen Ketten.

Andererseits kannte man durchaus Mittel und Wege, einem ungünstigen Orakel auszuweichen. So wurden etwa die römischen Auguren dazu genötigt, ihre Auspizien so oft zu wiederholen, bis die Vorzeichen günstig waren, da der Senat ohne ihren positiven Zuspruch nicht tagen konnte.[1] Diese Wiederholung eines Orakels war allerdings eine gewollte politische und seltene Ausnahme, denn prinzipiell war es den Priestern untersagt, zur selben Frage am selben Tag ein zweites Mal das Orakel zu befragen.

Neben dieser simplen Abwehr eines ungünstigen Orakels waren Opfergaben und Bußen die gängigen Mittel, um die Götter zu versöhnen und nach angemessener Zeit ein günstigeres Zeichen zu erflehen. Und falls auch dies nicht half, stemmte man sich – sofern man es wagte, den Göttern zu trotzen – mutig dem drohenden Unheil entgegen.

Insofern wurde ein Orakel, sei es nun von glücklicher oder unglücklicher Tendenz, nie vollends als unumstößlicher Spruch aufgefasst. Vielmehr galt es als wertvoller Ratgeber, nach dem das Handeln ausgerichtet wurde, um sich im Strom des Schicksals, der zugleich Unbill als auch Heil des Lebens war, erfolgreich behaupten zu können. Dieses Verständnis der Orakel gilt noch heute; man kann vielfach in ein und denselben Personen sowohl Gläubigkeit an das Übersinnliche als auch rationale Zweifel entdecken. Jene erhoffen sich vom Orakel eher eine Handlungsanweisung, wie beispielsweise die Bestätigung bereits angedachter Strategien, als eine fatalistische Beschreibung des Kommenden. Und dennoch: Warum wird ein Orakel heute immer noch befragt, auch wenn es längst nicht mehr die Götter sind, die hierdurch zu uns sprechen? Vielleicht weil es doch noch eine schicksalsmächtige Aussage liefert? Was aber mag es sein, was da heute noch zu uns spricht?

---

[1] Die Auguren waren im Römischen Reich ein hoch angesehenes Kollegium von anfänglich vier und später 16 Priestern, die sich insbesondere der Vogelschau, den so genannten Auspizien, widmeten.

Wollen wir uns diesem zu uns Sprechenden nähern, hilft uns unser heutiges Verständnis von Zukunft durchaus weiter. Denn betrachten wir das Gegenwärtige, erkennen wir in ihm ebenso die Kräfte der Vergangenheit, die es prägten, als auch die in die Zukunft hineinwirkenden Kräfte augenblicklichen Handelns, die unsere Zukunft formen. Gleichermaßen wirken auch künftige Ereignisse in unsere Gegenwart hinein und nötigen uns, ihnen unsererseits entsprechend entgegenkommend zu wirken. Insofern ist die Zukunft nichts Fertiges, so wie sie ehedem als etwas unabänderlich auf uns Zukommendes aufgefasst wurde; dafür aber ist sie ebenso wie die Vergangenheit eine die Gegenwart beeinflussende Kraft. Als solche trägt sie durchaus auch fatale Momente mit sich. So ist sie einerseits ein veränderliches Nahendes und andererseits ein unausweichliches Schicksal. In welcher Gestalt sie uns schließlich begegnet, hängt davon ab, wie wir sie erwarten. Jedenfalls trotzen wir heute den Göttern nicht mehr hilflos, wenn wir uns dem Los des Schicksals entgegenstemmen. Insofern entspricht ein Orakel heute der Beschreibung des Status quo ante. Er beschreibt den Zustand vor einem angekündigten Ereignis und zeichnet somit ein Bild des Kommenden, das sich so erfüllen wird, wenn wir durch unser gegenwärtiges Handeln die bestehenden Verknüpfungen zwischen vergangenen und künftigen Kräften nicht lösen und neu ordnen. Gleichzeitig vermag ein Orakel aber auch der aus dem Dunkeln geworfene Stein zu sein, der die Lawine ins Rollen bringt, auf dass sie sich dem angekündigten Ereignis entgegenwälzt. Von daher sollte uns ein Orakel stets beunruhigen und als Forderung betrachtet werden, denn am Ende ist es stets diese Beunruhigung, die uns je nach der Qualität eines Spruches dagegen handeln oder dem Kommenden erwartungsfroh entgegenblicken lässt.

Blicken wir in diesem Zusammenhang auf den Begriff der »sich selbst erfüllenden Prophezeiung«. Häufig wird er als Argument verwandt, um die Voraussage eines tatsächlich eingetretenen Ereignisses nachträglich zu entkräften. Folgen wir dieser Ansicht, wäre ein Orakel lediglich der Anstoß für eine selbst gesetzte psychische Konditionierung, aufgrund derer wir mit geradezu neurotischer Zwanghaftigkeit unser Tun so ausrichten, dass sich die Prophezeiung erfüllt. Dies mag in dem einen oder anderen Fall tatsächlich so sein. Doch für gewöhnlich bedarf es in der Mehrzahl der Fälle solch psychischer Energie gar nicht, damit sich ein Orakel erfüllt. Es genügt schlicht und einfach jene Passivität, die Dinge dem Kommenden entgegenlaufen zu lassen. Ihren Grund hat diese Passivität meist in einer bequemen Ungläubigkeit gegenüber dem Vorausgesagten. Sie erlaubt uns, dem Drängen des Schicksals gegenüber weiterhin tatenlos zu bleiben und an der gegenwärtigen Situation nichts zu verändern. Erst wenn sich das Orakel erfüllt, erinnern wir uns an seine Aussage. Und mit dieser Erinnerung erkennen wir auch, zumindest für einen kurzen Moment, dass uns der wahr gewordene Spruch nicht zwangsläufig ereilte, sondern aus Folge mangelnder Beweglichkeit. Und wenn wir schon bequem gewesen sind, so ist es nachträglich auch entsprechend bequemer, das Orakel selbst für das eingetretene Ereignis verantwortlich zu machen. Womit wir uns andererseits wieder dem Reigen archaischer Denkweisen nähern. Dennoch, ob so oder so: Grundsätzlich ändert auch die Behauptung einer sich selbst erfüllenden Prophezeiung nichts daran, dass die Prophezeiung zutreffend war.

Lassen wir uns von einem Orakel ansprechen, so spricht im Grunde der lebendige Augenblick zu uns. Er mag als ein Raum verstanden werden, in dem Zeit, so wie wir sie gemeinhin erfassen, nämlich als ein ewig Fortschreitendes, aufgehoben ist. Stattdessen ist die Zeit in ihm eins, Vergangenheit und Zukunft finden sich im Zentrum des Raumes, im Gegenwärtigen. Von hier aus blickt man in alle Richtungen zum Horizont. Er besitzt folglich Nähe und Ferne. Man sieht in die flirrende Tiefe der Gegenwart ebenso wie in die tiefen Schatten der Vergangenheit und in das ferne Dunkel der Zukunft. Wir müssen uns für diese Schau nicht drehen und wenden, sondern lediglich ins Zentrum blicken, in dem sich alle Kräfte erhellend bündeln. Dieser Blick ist ein innerer Blick, wir blicken für einen lichten Moment mit unserem geistigen Auge, respektive mit unserem sechsten Sinn, in das Zentrum jener Zeitlosigkeit. Doch da wir diesem Blick oft nicht trauen, weil sich bereits mit dem ersten Schauen unsere Wünsche und Erwartungen allzu gern vor unser geistiges Auge drängen und es hierdurch verschleiern, greifen wir zum Orakel – als unbestechliche Einrichtung. Es erlaubt uns, den lebendigen Augenblick unverstellt zu erfassen und mit seinem Spruch festzuhalten.

Hierbei wirkt das Orakel bildlich gesprochen wie ein Netz, das in den für den Augenblick still stehenden Strom der Zeit geworfen wird. Sein Spruch ist der Ertrag des Fischzuges. Wie wertvoll dieser Ertrag ist, liegt zum einen daran, wie eng das Netz geknüpft und wie sicher es in reiche Gründe geworfen wurde. Die Dichte der Maschen ergibt sich hierbei aus der Anlage des Orakels. Je subtiler die Findungsschritte zum eigentlichen Orakel sind, desto feinkörniger wird das Unerkannte gesiebt. Werfen wir beispielsweise eine Münze, um uns zwischen zwei Möglichkeiten zu entscheiden, fischen wir gewissermaßen nicht mit einem Netz, sondern mit einer Angel. Die Antwort kann nur Ja oder Nein sein, jegliche Differenzierung bleibt ausgeschlossen. Losen wir hingegen in einem größeren Kreis mit Halmen darum, wer den Kürzeren zieht, findet bereits, obgleich ebenfalls nur eine undifferenzierte Entscheidung möglich ist, durch die Vielzahl der langen Lose, die dem einzigen kurzen Halm gegenüberstehen, eine engmaschigere Schicksalsfindung statt. Insofern haben wir hier die Angel gegen ein, wenn auch noch sehr grobmaschiges, Netz getauscht.

Die Richtung, in die das Netz des Orakels ausgeworfen wird, wird durch die Frage vorgegeben. Je genauer und gezielter die Frage, umso treffender wird auch die Antwort sein. Ebenso werden wir auch in der Deutung eines erhaltenen Spruches sicherer, je präziser wir das Orakel befragen. Schließlich stimulieren wir oft mit einer bedachten Frage auch unsere Eingebungskraft so weit, dass in der Frage selbst bereits erkennbar auch die Antwort liegt. Der Spruch des Orakels wird somit lediglich zur Bestätigung des ohnehin Erahnten.

Gelingt es uns, beides, Orakel und Frage, miteinander in ausgewogener Weise zu verbinden, erhalten wir in der Tat eine feinsinnige und wertvolle Entscheidungshilfe an die Hand, durch die wir unserem Geschick furchtlos begegnen können.

Das Medium bringt die Stimmung. Einerseits ist ein Orakel ein feinsinniges Instrumentarium, mit dem wir über den Tag hinaus schicksalhafte Verdichtungen im Fluss der Zeit erfassen können, andererseits lebt das Orakel auch von seiner Stimmung, die ihm vorrangig durch das gewählte Medium verliehen wird.

Erste Voraussetzung für ein gelungenes Orakel ist unbestreitbar die Tatsache, dass Frage und Antwort einander treffen und zu erhellenden Einsichten ergänzen. Hierfür muss einmal das Orakel von seiner Konstruktion her engmaschig genug sein, um sich den die Zeit umfassenden Raum erschließen zu können. Des Weiteren sollte es so weit differenziert sein, dass der gezielten Frage eine ebenso fein abgestufte Antwort zugelost werden kann. Freilich sind diese Voraussetzungen eher technische Bedingungen für das Gelingen eines Orakels. Sie könnten auch mit Schablonen und Rechentabellen durchgeführt werden, wie dies etwa in der Astrologie geschieht, bei der längst auch Computer Horoskope erstellen. Allerdings fehlt solch technischen Orakeln die Inspiration; sie sind nüchtern und ohne Leben und verleiten unsere Intuition nicht dazu, sich sehend und deutend mit dem Spruch zu beschäftigen.

Folglich muss ein Orakel noch um eine weitere Dimension ergänzt werden, damit wir es als lebendige Inspiration, als ein beseeltes Orakel, sinnlich erfassen. Diese Dimension wird durch das gewählte Medium, das das Orakel dominiert, bestimmt.

Wie sehr wir hierbei auf die Gediegenheit des Mediums achten und kraft dieser Achtsamkeit gleichzeitig die Qualität des Orakels erhöhen, lässt sich am ehesten an einfachen Orakeln ablesen. Ein simpler Münzwurf beispielsweise kann mit einem Kiesel, einem Stück Karton oder einer Kunststoffscheibe ebenso durchgeführt werden wie mit einem Silber- oder Goldstück. Hätten wir hier die Wahl des Mediums, würden wir wie selbstverständlich zum Goldstück greifen. Mehrheitlich würden wir es sogar ablehnen, das Orakel mit einem unwerten Material durchzuführen. Und täten wir es doch, wollten wir seiner Aussage keine Bedeutung zumessen.

Die Möglichkeiten, einem Orakel ein Medium zur Seite zu stellen, sind so vielfältig wie die Orakel selbst und dennoch keinesfalls beliebig. Grundsätzlich muss das Medium der Anlage des Orakels entsprechen; so lässt sich zum Beispiel ein einfaches Münzorakel nicht mit einem Würfel durchführen, dafür aber kann ein Würfelorakel ohne Einschränkung auch mit drei Münzen befragt werden, da ein solcher Münzwurf gleichfalls sechs Chancen bereithält. Andererseits sind zahlreiche Orakel, so etwa die Kartenorakel, an ein bestimmtes Medium zwingend gebunden. Wieder andere Orakel, so etwa das hier vorgestellte Gänseblümchen-Orakel, sind in dieser Hinsicht variabel und lassen unterschiedliche Medien und Losmethoden zu.

Wesentlich bei der Auswahl eines Mediums für ein variables Orakel ist, dass das gewählte Medium von seinem Charakter her dem Wesen und den Eigenschaften des Orakels entspricht. Nur so entsteht jene Anziehungskraft, die dem Orakel Magie und Geheimnis verleiht – wodurch unser sechster Sinn angeregt wird und wir Vertrauen in das Orakel gewinnen. Hierdurch wächst dem Orakel Atmosphäre zu und entsteht eine charakteristische Stimmung, die uns stets aufs Neue erfasst, sobald wir das Orakel bemühen.

Die Symbolik des Gänseblümchens. Das dem hier vorgestellten Orakel zur Seite gegebene Medium ist das Gänseblümchen. Weithin ist es auch als Maßliebchen, Augenblümchen oder Marienblümchen bekannt. Als Korbblütler zählt es zu der artenreichsten Pflanzenfamilie überhaupt, wobei wir von seiner speziellen Art weltweit nur acht Unterarten neben etlichen Edelzüchtungen für den Garten, wie zum Beispiel das Tausendschön, kennen.

Betrachten wir ein Gänseblümchen in der Wiese, fällt uns auf, dass uns aus einer sich dicht am Boden ausbreitenden Blattrosette meist mehrere Blüten gleichzeitig an handbreit langen Stengeln entgegenragen. Trotz oder gerade wegen seines bescheidenen Wuchses ist das Gänseblümchen ein dankbarer Blüher. Es beginnt mit den ersten Frühlingsblumen zu blühen, blüht den ganzen Sommer hindurch und bewahrt seine Blüte noch, wenn der Winter längst eingekehrt ist und das Leben ringsum zum Erliegen kommt. Bei trockener Luft vermag seine Blüte selbst Frösten bis zu minus 15 °Celsius zu widerstehen. In seiner andauernden Blüte erkennen wir ein Zeichen beharrlicher Lebenskraft, die es versteht, sich widrigsten Bedingungen anzupassen. So steht es auch gleichnishaft für den ungebrochenen Lebensmut jener Menschen, die es dank ihres lauteren Gemüts verstehen, selbst harten Schicksalsschlägen noch eine gute Seite abzugewinnen.

Sein gelbes Blütenkörbchen reckt das Gänseblümchen der Sonne entgegen und verfolgt so ihren Lauf. Umkränzt wird es von einem weißen Strahlenkranz zarter Randblüten, die an ihren Spitzen oft rosa behaucht sind. Bei feuchter Witterung und zur Nacht schließt es seine Blättchen schützend über dem Körbchen. Es ist ein Spiegel der allwissenden Sonne, die Gerechte wie Ungerechte gleichermaßen bescheint. Zugleich ist es durch seinen weißen Blütenkranz auch ein Zeichen der Unschuld und Unbefangenheit. Nur sein zartes Erröten verrät uns, dass es vom Schicksal jener, die es zu betrachten verstehen, in feinsinniger Weise berührt ist.

Seine dichte, grundständige Rosette mit ihren spateligen, flaumhaarigen Blättern wird von Gänsen gern abgeweidet. Wo auch sein Name herrührt. In kargen Zeiten war sein Grün Nahrungsergänzung für unsere Ahnen, die selbst im hohen Winter noch gesammelt werden konnte. Auch heute noch gibt es etliche Rezepte, für die seine Blüten in die Küche getragen werden, um Suppen und Salate zu bereichern. Ein Missverständnis übrigens, da das Gänseblümchen leicht giftig ist. Dies gilt speziell für die weniger verträglichen Blüten. Sie lösen häufig Übelkeit, Bauchkrämpfe und Erbrechen aus, während größere Mengen der Blätter noch bekömmlich erscheinen.

Betrachten wir das Gänseblümchen als Gänseschmaus, erhellt sich uns auch, warum es vielerorts Seelenblümchen heißt. Galt doch die Gans einst als Seelenbegleiter, der die verstorbenen Seelen in den Himmel führte. Weshalb wir auch heute noch der Tradition folgend zu Kirchweih, Martini, dem alten Totengedenktag und Weihnachten gern gebratene Gänse auftischen, um uns, wenn auch unbewusst, mit den Geistern zu versöhnen. Auch in dieser Symbolik zeigt sich das Gänseblümchen als geeignetes Medium für ein Orakel. Schließlich sprach man von jeher den Verstorbenen die Befähigung zu, für die Lebenden in die Zukunft blicken zu können.

Sein lateinischer Name »Bellis perennis« verrät uns, warum das Gänseblümchen auch heute noch so eine besondere Anziehungskraft auf uns ausübt. *Bellis* leitet sich von *bellus* ab und bedeutet unter anderem *hübsch* und *niedlich*. *Perennis* steht für *ausdauernd*. Das niedliche Blümchen, die kleine Hübsche, das ist das Gänseblümchen. Es ist die Blume der Kinder, die es meist vor allen anderen Blumen entdecken, aus ihm Kränze winden oder mit ihm erste Sträußchen binden. In seiner Bescheidenheit und Schönheit ist es der Kinderseele verwandt. In dieser Weise schreibt es sich in unser Gedächtnis als das Urbild der Blume ein, auf das scheinbar all die Vielfalt und Farbenpracht überbordender Gärten zurückgeführt werden kann. In ihm scheint jene Größe und Schlichtheit zu wurzeln, die wir in den raren Augenblicken empfinden, zu denen wir den Raum jenseits der Zeit durchdringen, in dem sich uns Schicksalhaftes erhellt.

Diese bildhafte Verknüpfung zum überirdisch Zeitlosen wird auch deutlich, wenn wir in Legenden dem Gänseblümchen als *Tränen der großen Göttin* begegnen. Im antiken Griechenland verwandelten sich der Sage nach die *Tränen der Helena*, die sie um den Tod ihres Paris vergoss, in Blüten. In den Tränen der christlichen Gottesmutter Maria begegnet man einer ähnlichen Legende wieder. So soll das Gänseblümchen aus den Tränen Marias entstanden sein, die sie auf ihrer Flucht mit dem neugeborenen Gottessohn nach Ägypten vergossen hatte. Eine andere Sage wiederum schreibt sie den Tränen der Magdalena zu, die sie am Grabe Christi weinte. Und so wird im Kern dieser Sagen das Gänseblümchen zu den Tränen der Mondin, die auf die Erde niederfallen, um dort all jene zu stärken, die ihre archaische Kraft in den munteren und doch so bescheidenen, weißen Tupfen auf den Wiesen wieder entdecken. Schließlich gilt seit Urzeiten Orakelkraft grundsätzlich als eine durch und durch weibliche Kraft, die symbolisch am mächtigsten in Mutter Erde und Frau Luna waltet.

Das Ritual als bestärkende Kraft. Das Ritual beim Losen und Deuten in Verbindung mit einem Orakel ist keineswegs nur äußerlicher Rahmen für eine angenehme Einstimmung und einen harmonischen Ausklang, sondern stellt eine weitere Dimension dar, um die wir das Orakel ergänzen und mit deren Hilfe wir seine Bestimmtheit und unser Eingebungsvermögen verfeinern. Durch das Ritual schaffen wir eine metaphysische Verdichtung des übergeordneten Raumes, in dem das Orakel wirkt. Von daher sollte ein sorgfältig bedachtes Ritual stets unabdingbarer Bestandteil jedes Orakels sein. Gleichzeitig stimmen wir durch das Ritual unsere Psyche auf das Orakel ein und erleichtern uns hierdurch, die einzelnen Schritte der Zukunftsfindung mit unserem sechsten Sinn zu erfassen und letztlich hierdurch die Tragweite des gefundenen Spruches intuitiv zu erkennen. Es sind sechs immer wiederkehrende Schritte, durch die wir uns mithilfe des Rituals dem Orakel nähern:

- Der erste Schritt, mit dem wir uns zugleich dem infrage stehenden Problem nähern, ist die Vorbereitung. Hier wählen wir das passende Orakel aus und tragen die Utensilien zusammen, die wir für das Ritual benötigen.
- Mit dem zweiten Schritt bedenken wir die Frage, die wir an das Orakel richten, und grenzen hierdurch das Problem ein.
- Den dritten Schritt vollziehen wir durch das laute Aussprechen der Frage. Hierdurch offenbaren wir uns dem Übersinnlichen gegenüber. Gleichzeitig versichern wir uns selbst, dass wir uns des befragten Problems bewusst geworden sind.
- In einem vierten Schritt ziehen wir das Los, wodurch wir unsere Bereitschaft bekennen, eine Lösung des bedachten Problems zuzulassen.
- Der fünfte Schritt führt uns zu dem Spruch des Orakels und damit zu einer neuen Sicht des Problems. Denn durch den Spruch werden einerseits mögliche Zweifel in uns genährt. Dies ist der sibyllinische Charakter eines jeden Orakels. Andererseits werden uns mit dem Spruch Alternativen aufgezeigt, die das zuvor bedachte Problem relativieren.
- Mit dem sechsten Schritt, dem Nachdenken über den Spruch, bleiben wir oft über das eigentliche Ritual hinaus beschäftigt. Wir suchen dann nach gangbaren Ansätzen der Problembewältigung. Der gefundene Spruch führt uns zu Assoziationen und wird uns zur Entscheidungshilfe dafür, wie wir dem Kommenden gegenüber angemessen handeln.

Nachstehend noch einmal die sechs rituellen Schritte in einer gebündelten Übersicht:

1.	Vorbereitung	= Problem-Näherung	4.	Losung	= Zulassen einer Problem-Lösung
2.	Bedenken der Frage	= Problem-Eingrenzung	5.	Spruch	= veränderte Sicht des Problems
3.	Fragestellung	= Problem-Bewusstsein	6.	Deutung	= Problem-Bewältigung

Um diese Schritte angemessen und wirksam zu setzen, sollten wir dem Ritual auch einen äußerlich verbindlichen Rahmen geben. Hierzu zählt vor allem anderen, dass wir uns eine persönliche Orakelstätte schaffen. Suchen Sie sich daher einen Ort in Ihrer Wohnung oder näheren Umgebung, an den Sie sich, wann immer Sie das Orakel befragen wollen, zurückziehen können. So schaffen Sie sich eine symbolische Pforte, durch die Sie über die Zeit hinaus gelangen. Diese Orakelstätte wird durch die sich an ihr sammelnde Energie allmählich auch zu Ihrem ganz persönlichen Kraftplatz werden, den Sie gern aufsuchen werden, sobald Sie zur Ruhe gelangen und über Ihren Alltag nachdenken wollen.

Die für die vorgestellten Orakel notwendigen Utensilien und Vorgehensweisen sind an passender Stelle im Buch ausführlich beschrieben. Darüber hinaus dürfen Sie die gewünschte Atmosphäre durch Räucherwerk und Musik, diese beiden unvergänglichen Symbole für den Äther, zusätzlich verstärken. Bei der Auswahl dieser Medien sollten Sie sich vornehmlich von Ihrem persönlichen Geschmack leiten lassen. Schließlich ist es nicht jedermanns Sache, sich dem Duft von Weihrauch, der für das Orakeln stets vor allen anderen Düften genannt wird, auszusetzen. Ein von vielen als angenehmer und in diesem Zusammenhang ebenso wirksam erachtetes Räucherwerk ist eine gleichwertige Mischung aus Tolubalsam und Benzoeharz.

Neben den im Buch durchgängig empfohlenen rituellen Instrumenten, wie beispielsweise eine Schale Wasser zur Linken oder eine brennende Kerze zur Rechten an Ihrer Orakelstätte, dürfen Sie auch persönliche Kraftzeichen wie Glücksbringer, beispielsweise Taufkreuze, oder Talismane, die Ihnen schicksalhaft zugekommen sind, als rituelles Beiwerk einsetzen. Daneben können Sie auch andere, die Schicksalsmächte zwingende Hilfsmittel mit heranziehen. Freilich sollten Sie sich in jedem Fall über die Symbolkraft des hinzugezogenen Mittels im Klaren sein, um keine störenden Kräfte aufgrund eines fahrlässig gewählten Instrumentes zu wecken. Grundsätzlich ist daher angeraten, sparsam mit den eingesetzten Hilfsmitteln umzugehen. Das barocke Motto »Viel hilft viel« ist jedenfalls im Ritual für ein Orakel nicht angebracht. Wirkungsvoller bleibt dagegen ein klares Ritual, das Ihnen hilft, sich auf die einzelnen Schritte der Orakelfindung zu konzentrieren. – Üben wir uns also in dieser Bescheidenheit und spazieren über eine Wiese, um ein kleines Sträußchen Gänseblümchen zu pflücken, das wir für unser Orakel an unsere Orakelstätte tragen. Mit ihm haben wir uns ein sehr vielschichtiges und trotz seiner Unscheinbarkeit äußerst starkes Symbol zur Seite gewählt.

Das Gänseblümchen-Orakel
Sprechende Blüten

Dieses Orakel steht ganz im Zeichen des Gänseblümchens, auch wenn es sich seit seinem Ursprung zunächst anders entwickelte. Als Erdorakel ist es einst unter dem Begriff »Geomantie« zu uns gekommen. Nimmt man die Bezeichnung »Geomantie«, was »Wahrsagen aus der Erde« bedeutet, wörtlich, liegt es sehr nahe, dieses Orakel mit dem Gänseblümchen in Verbindung zu bringen. Schließlich ist unser Gänseblümchen der Erde in erkennbarer wie bildhafter Weise sehr nahe.

Mit seiner für seine bescheidene Größe ausladenden Blattrosette, die sich dicht über dem Boden auffächert, gewährt es der Erde Schutz und dem die Krume belebenden Getier Geborgenheit. Seine Blüte hebt es nicht weit über den Boden und lässt sich von Gräsern und anderen Wiesenblumen gern überragen. Man mag darin, wie einst Hans Christian Andersen in seinem Märchen vom Gänseblümchen, Bescheidenheit vermuten. Doch ebenso wird man in seiner Gestalt auch Erdverbundenheit erblicken. Ja, lässt man sich auf eine beschauliche Betrachtung des Gänseblümchens ein, wird man in ihm eines der schönsten Sinnbilder für die gute Kraft der Mutter Erde erkennen. An der Grenze zum Licht, in der dunklen Wärme der Erde wurzelnd, scheint es jenen sagenhaften Brunnen zu symbolisieren, durch den das Goldmariechen ins Reich der Frau Holle stieg, um als beglückte Jungfrau zurückzukehren. Und es scheint, als würde Mutter Erde durch die Blüten des Gänseblümchens tausendfach auf das ungezählte Leben blicken, das ihrem Schoß entsprungen ist und sie seit Jahrmillionen in wundersamster Weise kleidet.

Was eignet sich daher besser als Medium für ein auf die Erde bezogenes Orakel als das Gänseblümchen. Durch sein Auge hat die Erde, die große Hüterin allen Geschicks, über die Zeiten hinweg Welten kommen und gehen sehen. Wahrsagekraft ist dem Gänseblümchen also nichts Zugedichtetes, sondern eine ihm selbstverständliche Eigenschaft. Es kennt den Strom des Schicksals, weiß, wie sich die Fäden der Nornen[2] durch die Lüfte spannen, wie sie sich seit alters miteinander verweben und verknoten und dem Menschen zum Geschick werden. In ihm ist mehr Kraft und Weisheit der Erde als in jeder schmückenden Blüte. Als Tränen der großen Göttinnen ist es das eigentliche Erdblümchen. Ja, es ist ein Stück der großen Mutter Erde selbst.

Durch das Gänseblümchen geben Sie dem Erdorakel seine ursprüngliche Kraft zurück und sich selbst ein Orakel an die Hand, das von uranfänglicher Weisheit durchdrungen ist.

Das Erdorakel
Die Urkraft aller Orakel

Von jeher wurde die Erde als die Mutter allen Lebens und aller Dinge angesehen. Ein Orakel, das gewissermaßen der Erde selbst entstammte, galt darum als besonders schicksalsmächtig, und die Auswahl der alten Orakelstätten folgte ersichtlich landschaftlichen Eigentümlichkeiten. So lag die wohl berühmteste Orakelstätte der Antike, das Orakel von Delphi, wie ein Horst an die steilen Abhänge des Parnass geschmiegt über einer tiefen Schlucht. Noch in dunkler Zeit soll es die Erdgöttin Ge, die Urmutter des griechischen Götterhimmels, gestiftet haben, weshalb es einst auch als der Mittelpunkt der Erde betrachtet wurde. Ein Drache, dieses urbildliche Erdsymbol, verkündete hier die ersten Orakel, ehe er von Apollo, dem Sonnengott, überwältigt wurde. Sein Name »Py-

---

2   Nornen heißen die Schicksalsgöttinnen in der nordischen Mythologie.

27

thon« übertrug sich auf die wahrsagenden Priesterinnen, die als »Pythia« über Generationen das Delphische Orakel verkörperten. Der Sage nach saß die Pythia in die Sinne benebelnde Schwaden gehüllt, die aus einer Erdspalte unter ihrem Sitz aufstiegen. Wegen all dieser urgründigen und erdverbundenen Umstände galt das Orakel von Delphi als besonders zuverlässig. Und jeder Bürger der antiken Städte, der etwas auf sich hielt und es sich leisten konnte, pilgerte wenigstens einmal in seinem Leben dorthin.

Die Erde zum Zeugen für ein Orakel anzurufen entsprach auch einem traumhaften Verlangen, der Aussage eines Orakels Verlässlichkeit und Gewicht zu verleihen. In diesem Sinne wurden verschiedene Orakelkünste entwickelt, die in der einen oder anderen Weise mit der Erde in Verbindung gebracht wurden. Das hier vorgestellte Gänseblümchen-Orakel fußt auf solch einem Erdorakel: der ursprünglichen »Geomantie«, was so viel heißt wie »die Kunst aus der Erde wahrzusagen«. Heute wird der Begriff Geomantie jedoch entgegen seiner einstigen Bedeutung überwiegend von Rutengängern und von im Feng-Shui Bewanderten verwendet, während das Wissen um die die Intuition anregende Orakelkraft der Erde weitgehendst der Vergessenheit anheim gegeben wurde.

Der verborgene Bezug zur Erde beruht beim Gänseblümchen-Orakel, diesem einzigartigen Erdorakel, darauf, dass einst in längst vergangener Zeit mit der Hand oder einem Stab willkürlich Punkte in den Sand getippt und anschließend gezählt wurden. Durch die leichten Schläge gegen den Boden wurde gleichsam die Erde selbst befragt beziehungsweise zum Zeugen des Schicksals angerufen. Aus der Anzahl der in den Sand gedrückten Punkte leitete man sechzehn verschiedene Figuren ab, die schließlich über mehrere Umrechnungen zum Orakelspruch führten. Dieses für das ursprüngliche Erdorakel typische Setzen der Punkte trug ihm auch den Namen »Punktierkunst« ein. Dies geschah zu jener Zeit, als das Erdorakel von der Erde gelöst wurde und die schicksalsbezogenen Punkte in den Studierstuben der Mächtigen und Alchemisten auf Papier gesetzt wurden.

Das Konzept des Erdorakels, das sinnliche Abklopfen der Erde, beruht wahrscheinlich auf dem I Ging, dem jahrtausendealten Schafgarbenorakel der Chinesen. Von den Arabern wurde dieser fernöstliche Weg der Schicksalsfindung zu einer eigenständigen Wahrsagekunst gewandelt und mit den Prinzipien der Astrologie verknüpft. Als Geomantie wurde diese Wahrsagekunst dann im Mittelalter in Europa bekannt und weiter zu einem äußerst komplexen System der Zukunftsdeutung verfeinert, das zeitweise gar an den Universitäten gelehrt und von etlichen Fürsten ernsthaft als Entscheidungshilfe genutzt wurde.

Doch ebenso wie die Araber die Geomantie nach Europa trugen, verbreiteten sie ihre Wahrsagekunst auch in Schwarzafrika. Dort führte man vielerorts, so zum Beispiel bei den Jorubas im Norden Nigerias, das Erdorakel bei der Losung auf seine eigentliche Bedeutung zurück; nämlich indem man 16 Steine auf der Erde auslegte und blindlings eine zufällige Menge daraus griff. Diese erdnahe Form der Losung soll auch bei dem hier vorgestellten Gänseblümchen-Orakel wieder im Vordergrund stehen. Es handelt sich hierbei um eine einst weit verbreitete volkstümliche Art, das Erdorakel zu befragen. Sie kommt ohne die umständlichen Berechnungen der einstigen Geomantie aus. Gleichwohl verliert das Orakel durch diese vereinfachte Losung gegenüber der komplexen Geomantie vergangener Zeiten nichts von seinem schicksalsträchtigen Charakter. Hingegen erfährt es durch die Rückbesinnung auf sein sinnstiftendes Element, die Erde, zusätzlichen sinnlichen Reiz und magisch mystische Aufladung.

Das Gänseblümchen-Orakel befragen

Wollen Sie das große Gänseblümchen-Orakel befragen, benötigen Sie 16 Blütenköpfe von Gänseblümchen. Die Gänseblümchen sind zum einen Früchte der Erde, die sich durch ihren niedrigen Wuchs nur wenig vom Boden abheben. Gleichzeitig sprechen sie in ihrer Symbolik als Seelen- beziehungsweise Marienblümchen das Unbewusste an und verweisen zugleich auf jene Himmelsmacht, die im Glauben vieler in Gestalt der Schutzengel lenkend und mahnend unseren Schicksalsfaden spinnt.

Haben Sie eine Wiese vor Ihrem Haus, können Sie sich die Gänseblümchen für das Orakel frisch pflücken. Grundsätzlich empfiehlt es sich jedoch, eine hinreichende Anzahl Blüten zu pressen, sodass Sie, wann immer Sie das Orakel befragen wollen, auf einen Blütensatz zurückgreifen können. Oder Sie verwenden die diesem Buch beigelegten gedruckten Gänseblümchenblüten aus Karton.

Die Alternative zu Gänseblümchen wären Glasperlen. Sind doch Glasperlen, die aus Quarz und Feuer zu Kristallen geschmolzen wurden, ihrerseits ursprüngliche Verweise auf den Ursprung des Erdorakels. In den Elementen Erde und Feuer tragen sie die allgewaltige Kraft der Mutter Erde in sich.

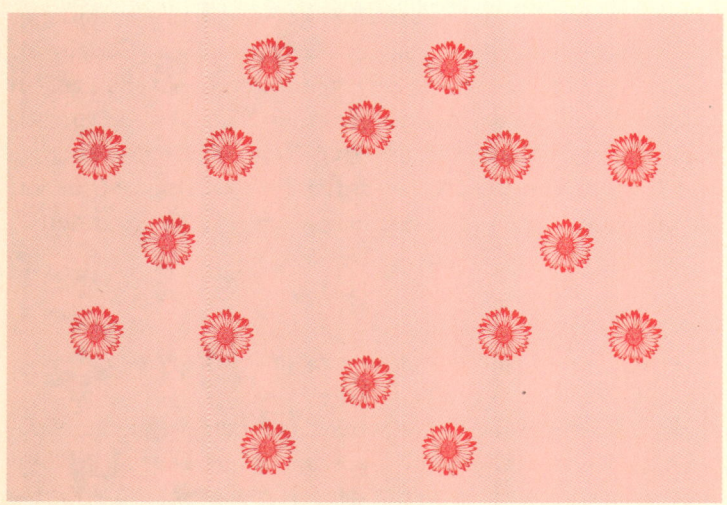

Als glitzernde Steine nehmen sie das Licht des Schicksals auf und spiegeln es wider in unsere Hand, mit der wir nach ihnen greifen. So erhält unser Wunsch nach Erhellung zusätzlich sinnbildliche Tiefe. Bei der Wahl von Glasperlen sollten Sie klaren Schmucksteinen oder Murmeln den Vorzug geben, da sie das Element der Erde unverfälscht in sich tragen.

Wollen Sie das Orakel befragen, legen Sie die Gänseblümchen, ersatzweise Glasperlen, auf ein grünes Tuch. Es steht für das Grün der großen Mutter Erde und versinnbildlicht ihre Lebenskraft, ihre Zeitlosigkeit und schöpferische Weisheit. Gruppieren Sie die Blüten zu einem losen Kreis. Dazu legen Sie die ersten vier Blüten am besten zu einem Quadrat aus und legen dazwischen wiederum vier Blüten. Anschließend legen Sie die restlichen acht Blüten über die sich ergebenden Zwischenräume des so geformten Innenkreises. Achten Sie darauf, dass Sie die Blüten gegen den Uhrzeigersinn auslegen. Mit dem ausgelegten Kreis verweisen Sie gleichfalls auf die Erde und ihre weibliche Kraft, die dieses Orakel trägt. Zudem ahmen Sie mit der linksläufigen Auslage den Lauf des Mondes nach, der als erdgebundener Begleiter seit jeher ein Sinnbild für hellsichtige Intuition ist.

In vier aufeinander folgenden Losungen befragen Sie nun das Orakel. Legen Sie sich hierfür ein Blatt Papier und einen Stift zur Seite, um die für den Orakelspruch entscheidende Figur aufzuzeichnen. Denn das Orakel wird von 16 Figuren beherrscht, die den einzelnen Sprüchen ihren besonderen Charakter verleihen.

Betrachten Sie zunächst den Blütenkreis vor sich und bedenken Sie Ihre Frage an das Orakel. Halten Sie darauf Ihre linke Hand über die Blüten und schließen Sie Ihre Augen. Sprechen Sie nun Ihre Frage laut aus und greifen Sie in einer zügigen Bewegung von links nach rechts in die Blüten. Die hierbei aufgenommenen Blüten legen Sie paarweise aus Ihrer Hand in den Kreis zurück. Geht die Ablage auf, legen Sie also zum Schluss zwei Blüten in den Kreis zurück, haben Sie zwei Punkte für die

Gestalt der Orakelfigur gelost. Bleibt zum Ende nur eine Blüte in Ihrer Hand, zeichnen Sie einen Punkt an den Anfang der Figur. In dieser Weise wiederholen Sie Ihre Frage noch drei Mal, sodass Sie am Ende insgesamt vier Mal in den Blütenkreis gegriffen und dabei jedes Mal entweder einen oder zwei Punkte unter die vorher gezeichneten Punkte hinzugezeichnet haben und die Orakelfigur vollendet ist.

Beispiel einer einfachen Losung

Nachstehendes Beispiel soll die Losung und Entstehung der Orakelfigur verdeutlichen. Es illustriert zugleich die Grundlosung, mit der Sie rasch zu einer Antwort auf eine Frage gelangen. Diese Form der Grundlosung empfiehlt sich vor allem dann einzusetzen, wenn die Frage nicht zu tiefschürfend und ohne grundsätzlichen Belang ist oder Sie mit dem Orakel vornehmlich eine Stimmung beziehungsweise eine sich abzeichnende Chance hinterfragen wollen. Diese Grundlosung wird auch für den nachgestellten Fragenkatalog empfohlen (siehe S. 65).

Beispiel der Anwendung der Grundlosung: Nach dem ersten Zugreifen zählen Sie die Blüten paarweise in den Kreis zurück. Zum Schluss haben Sie, um ein Beispiel anzunehmen, exakt noch ein Blütenpaar in der Hand, das Sie in den Kreis zurücklegen. Sie zeichnen also zwei Punkte auf das Papier:

Nach der zweiten Befragung bleibt beispielsweise am Ende eine einzelne Blüte in Ihrer Hand. Sie zeichnen folglich unter die beiden Punkte einen Punkt.

Bei der dritten Befragung legen Sie zum Schluss zum Beispiel erneut nur eine einzelne Blüte in den Kreis zurück. Sie zeichnen daher einen Punkt in die dritte Zeile der Figur.

Mit der vierten und letzten Befragung können Sie zum Beispiel wieder ein Blütenpaar zurücklegen. Sie zeichnen demnach in die vierte Zeile zwei Punkte. Und erhalten somit diese Figur:

Jetzt können Sie auf den folgenden Seiten nachschlagen, von welcher Art der Wink des Schicksals ist, den Sie mit dieser Figur passend zu Ihrer Frage gelost haben.

In der beschriebenen Weise können Sie 16 verschiedene Figuren losen. Jede von ihnen besitzt ihren besonderen schicksalhaften Charakter, der die Umstände beschreibt, mit denen Sie in der befragten Angelegenheit rechnen dürfen.

Verfeinerte Befragungen des Gänseblümchen-Orakels

Grundsätzlich lässt sich mit dem Gänseblümchen-Orakel zu jeder Frage der Blick in die Zukunft richten, da es einerseits Antworten zu schicksalsträchtigen Stimmungen gibt, andererseits aber auch zu einer Fülle von Lebensfragen eine Antwort parat hält.

Aufgrund seiner Umschreibung günstiger beziehungsweise ungünstiger Stimmungslagen, die auf unser beabsichtigtes Tun und Handeln einwirken, wird es von professionellen Wahrsagern, die in dieser Kunst bewandert sind, gern herangezogen, um einer anderen Form der Zukunftsdeutung ergänzende Richtung zu verleihen. So sind mir zwei Wahrsagerinnen bekannt, die beide ihre Sitzungen mit einem Gänseblümchen-Orakel einleiten. Wobei die eine ihren eigentlichen Blick anschließend mithilfe einer Glaskugel in die Zukunft richtet, während die andere sich auf das Handlesen spezialisiert hat. Beide lassen übrigens ihre Kundschaft nach Kugeln aus Bergkristall greifen. Gilt doch der Bergkristall allgemein als ein klärendes und stärkendes Mineral. Zugleich ist er auch ein schönes Sinnbild für die Verbindung von Himmel und Erde, wird er doch in vielen Kulturen als die geronnene Kraft des Blitzes verstanden.

Das zweifache Orakel. Wollen Sie das Gänseblümchen-Orakel überwiegend zur Erhellung künftiger Temperamente nutzen, empfiehlt

sich eine abwägende Losung, bei der Sie das Orakel zweimal zur selben Angelegenheit befragen. Wobei Sie in der ersten Frage-runde nach den Umständen fragen, die Ihr Vorhaben stützen, und in der zweiten Runde danach, was dem entgegensteht. Im äußersten Fall kann bei einer solchen abwägenden Losung das Ergebnis so aussehen, dass das Stützende negativ ausfällt, während das Hinderliche eindeutig positive Züge besitzt. In einem solchen Fall sollten Sie sich fragen, ob Sie Ihr Vorhaben nicht von Grund auf neu aus der Sicht eines Widersachers überdenken sollten. Denn sobald sich eine künftige Angelegenheit der Voraussicht nach an ihrem Widerstand entwickeln wird, während sie an ihrem Zuspruch verkümmern soll, deutet dies allgemein auf sinnlos vergeudete Kräfte hin. Man rennt gewissermaßen mit dem Kopf gegen eine Wand, die man sich selbst errichtet hat; dabei ist der Ausweg aus dem Dilemma meist offensichtlich, würde man nur einmal verharren und den bislang eingenommenen Blickwinkel verändern.

Das aufbauende oder abgestufte Orakel. In mehreren aneinander gereihten Losungen können Sie mit dem Gänseblümchen-Orakel auch Entwicklungsströmungen erkunden. Hierzu fragen Sie in einer ersten Runde, worauf Sie mit Ihrem Vorhaben zählen dürfen. In einer zweiten Runde fragen Sie sodann nach seiner Entwicklung, um letztlich in einer dritten Runde in Erfahrung zu bringen, wie sich das Erreichte in der Welt behaupten wird. Durch eine solche aufbauende Befragung erhalten Sie wichtige Entscheidungshilfen, die Sie sowohl in Ihre Vorbereitung als auch in Ihre Vorgehensweise und in die abschließende Bewahrung des Erreichten mit einplanen können. Sie stützen Ihre Planung folglich auf drei Sprüche, die alle ihre eigene Qualität besitzen. Der Reihe nach sagen sie Ihnen:

1. *Das ist.*
2. *Das wird geschehen.*
3. *So wird es sein.*

Das übergreifende oder das krönende Orakel

Beim übergreifenden Orakel gelangen Sie über mehrere Schritte zu einer endgültigen Figur. Hier haben Sie zwar anders als beim zweifachen oder abgestuften Orakel nur einen Spruch zur Verfügung, trotzdem ist dieses Vorgehen die eigentliche Krönung des Gänseblümchen-Orakels. Zudem lässt es sich, wiederholt man die Losung entsprechend oft, auch zu den gleichen Aussagen wie die beiden zuvor beschriebenen Orakel heranziehen.

Vom Ablauf her gelangen Sie beim übergreifenden Orakel schrittweise durch die anfängliche Losung von vier einzelnen Figuren und drei Umrechnungen zu einer abschließenden Figur. Diese Schlussfigur vereint die beiden Temperamente in sich, die jeglicher Entwicklung innewohnen, nämlich ein statisches und ein dynamisches Temperament. Diese beiden Temperamente werden durch Umrechnung der vier Figuren der Grundlosung zunächst in einer statischen und einer dynamischen Figur sichtbar. Aus diesen beiden Figuren wiederum ermitteln Sie eine Figur, die letztlich das übergreifende Orakel darstellt.

Sie gewinnen also am Ende trotz der ausladenden Losung mit nur einer Figur eine konkrete Aussage darüber, was Sie auf Ihre Frage hin zu erwarten haben. Dieser Orakelspruch basiert auf 16 einzelnen Griffen nach den Blüten. Er ist gewissermaßen äußerst fein gesiebt und beinhaltet eine hohe Potenz der eigentlichen Losung und ist deshalb besonders präzise. Denn durch die intensive Befassung mit der Sie bewegenden Frage während des sechzehnmaligen Greifens fließen unbewusst und intuitiv verschiedene Aspekte des Künftigen in die Losung über und prägen so in feingliedriger Weise ihren endgültigen Spruch.

Die Durchführung einer solch umfangreichen Losung, bei der ausschließlich die abschließende Figur bewertet wird, empfiehlt sich vor allem dann, wenn Sie zu einer schwerwiegenden Frage die Antwort des Übersinnlichen suchen. Ebenso sollten

Sie diese Art der Losung wählen, wenn Sie an einem Ihre augenblickliche Schicksalsströmung besonders treffend umschreibenden Orakelspruch interessiert sind. Mit ihm dürfen Sie sich anschließend über einen längeren Zeitraum hinweg auseinander setzen und an ihm arbeiten.

Die letztere Art ein Orakel anzurufen entspricht im Übrigen einer jahrtausendealten Gepflogenheit im Umgang mit Orakeln. Damals wurde ein Orakel häufig nicht zu einer konkreten Angelegenheit, sondern nach der Gunst der Stunde befragt, um sich dann in kontemplativer Weise mit seinem Spruch auseinander zu setzen. Der Wink des Schicksals wurde so zum Anlass genommen, über seine Lebensführung nachzudenken, sie zu korrigieren und angemessene langfristige Perspektiven zu suchen und zu entdecken.

Um ein übergreifendes Orakel zu erhalten, ziehen Sie zu der Sie bewegenden Frage zunächst viermal hintereinander das Los, um vier einzelne Figuren zu erhalten. Diese vier Figuren der Ziehung zeichnen Sie nebeneinander auf ein Blatt.

Die einzelnen Schritte, wie Sie aus vier Losungen zu einer endgültigen übergreifenden Figur gelangen, werden nachstehend gezeigt. Angenommen, Sie haben folgende vier Figuren gelost:

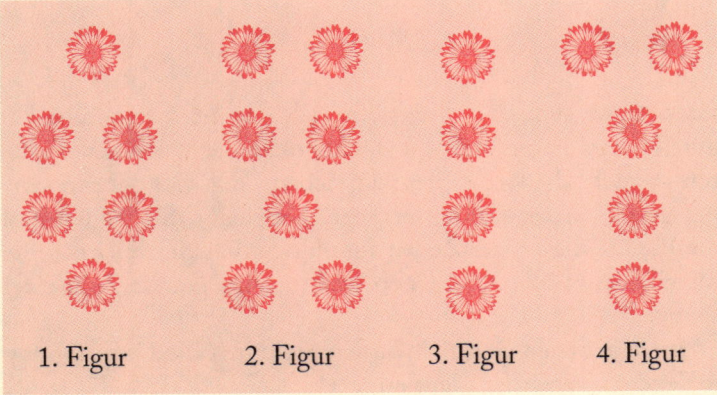

1. Figur   2. Figur   3. Figur   4. Figur

In einem ersten Schritt zählen Sie die Punkte der einzelnen Figuren zusammen. Setzt sich eine Figur aus einer ungeraden Punktzahl zusammen, so fügt diese einen Punkt zur neu entstehenden Figur hinzu. Setzt sich eine Figur aus einer geraden Anzahl Punkte zusammen, gibt diese zwei Punkte an die entstehende Figur weiter. Sie beginnen mit der ersten Figur und zählen der Reihe nach die Punkte der weiteren Figuren. Die Ergebnisse zeichnen Sie zur neuen Figur untereinander. Diese Figur zeigt das statische Temperament.

Im gegebenen Beispiel würden Sie durch die Umrechnung folgende statische Figur ermitteln:

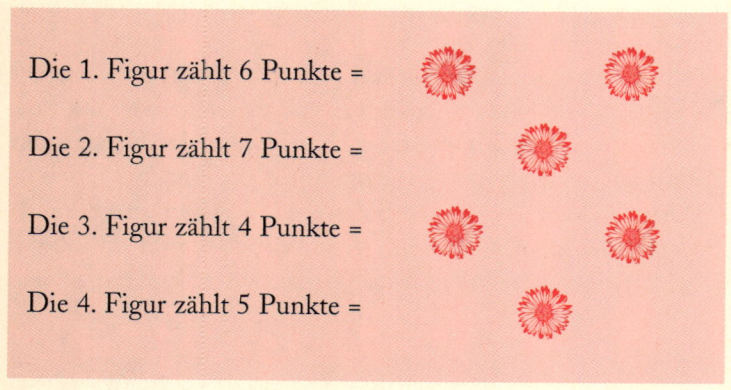

Die 1. Figur zählt 6 Punkte =

Die 2. Figur zählt 7 Punkte =

Die 3. Figur zählt 4 Punkte =

Die 4. Figur zählt 5 Punkte =

Nach dieser statischen Figur ermitteln Sie die dynamische Figur. Hierzu betrachten Sie nicht mehr die einzelnen Figuren, sondern die vier Zeilen, die sich aus den vier nebeneinander gezeichneten Figuren ergeben. Das heißt, Sie zählen nun die Punkte dieser vier Zeilen zusammen. Wieder zeichnen Sie für eine ungerade Zahl einen und für eine gerade Zahl zwei Punkte.

Im gegebenen Beispiel würden Sie durch die Umrechnung folgende dynamische Figur ermitteln:

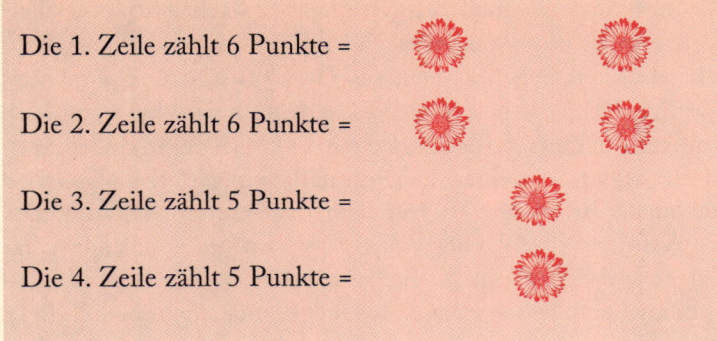

Die 1. Zeile zählt 6 Punkte =

Die 2. Zeile zählt 6 Punkte =

Die 3. Zeile zählt 5 Punkte =

Die 4. Zeile zählt 5 Punkte =

In einem letzten Schritt zeichnen Sie die statische und die dynamische Figur nebeneinander, um die abschließende übergreifende Figur zu ermitteln. Hierzu zählen Sie die Punkte der beiden Figuren erneut zeilenweise zusammen und geben für eine ungerade Zahl einen und für eine gerade Zahl zwei Punkte.

Im gegebenen Beispiel setzt sich die übergreifende Figur unter Verwendung der statischen und dynamischen Figur wie folgt zusammen:

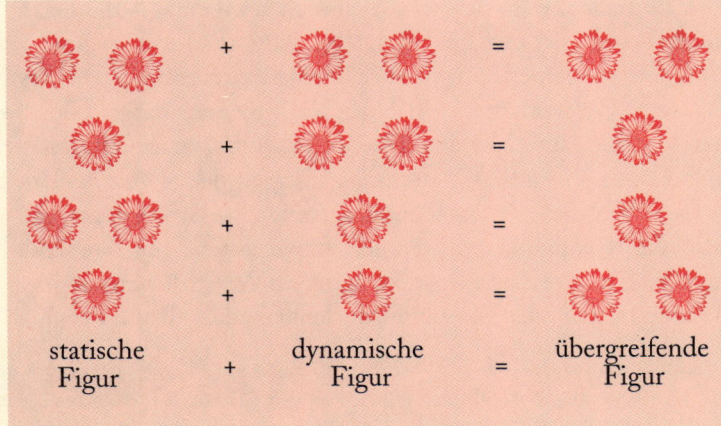

Diese Form der Losung mag auf den ersten Blick mühsam erscheinen, aber sie ist es keineswegs, sobald Sie sich erst einmal darauf eingelassen haben. Vielmehr verleiht sie dem Gänseblümchen-Orakel einen ganz besonderen Reiz, der sich auch Ihrer Intuition mitteilt und Ihnen bei der Auslegung des Orakels hilft. Zudem werden Sie rasch feststellen, dass Sie mit dem übergreifenden Orakel besonders verlässliche Aussagen über das Künftige treffen können.

Auf den nun folgenden Seiten werden der erhellende Charakter und die wesentlichen Anstöße der 16 Figuren des Gänseblümchen-Orakels erläutert.[3] Über den Charakter einer Figur lesen Sie jeweils unter dem Stichwort »Stimmung«. Deren Impuls erfahren Sie unter dem Stichwort »Aussicht«.

Die »Stimmung« liefert Ihnen einen Orakelspruch, an Hand dessen Sie Ihre Einstellung in der von Ihnen befragten Angelegenheit bedenken können. Er wägt das äußere Für und Wider ebenso ab wie Ihre innere Einstellung und zeigt Ihnen Möglichkeiten auf, wie Sie dem Kommenden am vorteilhaftesten begegnen können. Zudem liefert Ihnen dieser Spruch eine grundsätzliche atmosphärische Beschreibung der Umstände, die mit der von Ihnen an das Orakel gerichteten Frage in Verbindung stehen. Sollten Sie also das Orakel nicht nach Ihrer Person befragt haben, wäre der geloste Spruch sinngemäß auf eine andere Person oder etwaige befragte Umstände zu übertragen.

Die »Aussichten« beschreiben stichwortartig mögliche Ereignisse und Eigenschaften, mit denen Sie zu rechnen haben. Gleichzeitig werden auch Handlungstemperamente skizziert. Insgesamt handelt es sich um eine Sammlung günstiger wie ungünstiger Umstände. Welches der angedeuteten Ereignisse Sie als einen Anstoß des Kommenden deuten, respektive als eine günstige Reaktion Ihrerseits verstehen dürfen, hängt im Wesentlichen von Ihrer Frage ab. Erwähnte Umstände, die keinen erkennbaren Bezug zu

---

[3] Die Benennungen der Figuren entsprechen den traditionellen Bezeichnungen der geomantischen (europäischen) Figuren.

Ihrer Frage aufweisen, sind folglich auch ohne Belang und sollten von Ihnen keinesfalls in Ihre Auslegung mit einbezogen werden.

Die 16 Figuren des Gänseblümchen-Orakels

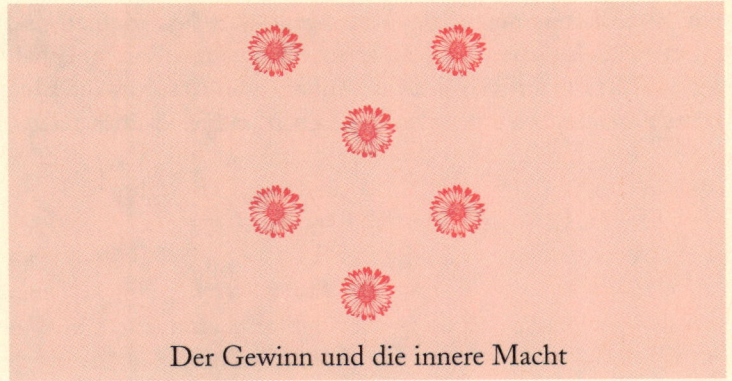

Der Gewinn und die innere Macht

Die Stimmung: Du solltest die Aussicht auf möglichen Gewinn nicht mit finanziellem Zugewinn gleichsetzen. Dieses Sigel verspricht dir eher inneren Reichtum. Und auch dieser wird dir nicht in den Schoß fallen. Vielmehr bist du gefordert, hierfür etwas aufzugeben. Freiheit durch Lösung ist das, worauf du dich einstellen solltest. Der Anstoß zur Veränderung muss allerdings von dir ausgehen. Bist du hierzu nicht bereit, wird sich nichts ändern und du wirst deine Frage weiter mit dir herumtragen. Auf dem Weg dieser geforderten Wandlung hast du neben innerem Widerstand auch äußere Widerstände zu überwinden. Willst du wirklich die Antwort, die du dir ersehnst, findest du in dir auch die Kraft, diesen Berg zu versetzen.

Die Aussicht: Diese Figur ist insgesamt ein günstiges Vorzeichen. Es steht für Fülle und Neuerung, klugen und lohnenswerten Gebrauch des Wissens. Vernunft und Geschäftssinn bilden ertragreiche Blüten. Zeiten außerordentlicher Schaffenskraft. Redliches

Handeln und Wahrheitsliebe. Wohltätigkeit in Werken und Gaben. Feinde werden bezwungen. Gewinn bei Prozessen. Versöhnungen sind möglich. Genuss an den schönen Dingen und an den Früchten des Erfolges. Ein friedvolles Haus. Glückliche und liebenswerte Kinder. Treue Freunde. Verlorenes stellt sich wieder ein. Erbschaften mehren das Vermögen. Gute Nachrichten sind unterwegs. Genesung von Krankheit. Angenehme Reisen. Günstige Zufälle runden das Glück ab. Anhaltendes Ansehen und Ehrbarkeit werden erworben. Langes Leben und friedvoller Tod.

Der Verlust und die äußere Macht

Die Stimmung: Du musst dich nicht davor fürchten, dass dir unter diesem Zeichen etwas abhanden kommen könnte. Schließlich würdest du diesen Verlust nur bemerken, falls du mit unverstelltem Blick dich und deinen Umkreis betrachtest. Besäßest du jedoch diesen klaren Blick, wüsstest du dich vor dem schleichenden Niedergang zu schützen. Also reicht dir das Orakel deine Frage zurück. Frage nicht, sondern schaue und handle, ist seine Antwort. Folgst du ihm, solltest du dich jedoch aus deinen Träumen reißen. Denn nicht das, was sein sollte, ist das Ziel, sondern das, was du dir in der Auseinandersetzung mit jenen erstreitest, die dir die Augen verschlossen haben. Vertraust du hierbei deinem Gefühl, folgst du indes nur deinen Träumen. Die aber leiten dich nur in eine müde Welt.

Die Aussicht: In diesem Zeichen verbinden sich Licht und Schatten. Einerseits stehen in seinem Schatten schmerzhafte Versäumnisse und teure Unachtsamkeiten. Verlorenes wird nicht wiedergefunden. Vorhaben misslingen und Unternehmungen scheitern. Die Kräfte werden unnötig vergeudet. Dinge werden auf die lange Bank geschoben und blockieren das Fortkommen. Lug und Trug sind offenkundig. Freundschaften wanken. Anfeindungen nehmen zu. Erkrankungen stellen sich ein.

Andererseits stehen im Licht des Sigels rauschende Feste, Musik, Tanz und Völlerei. Beglückende Techtelmechtel werden möglich. Man will und darf sich aufputzen, glänzen und zeigen und mit dem Schein prahlen. Irdische Lust und Freude. Geschwätzigkeit allerorten. Heiterkeit, Befreiung und leichtes Vergessen. Erlösende Trennungen. Alte Zöpfe fallen. Erleichterung und Neubeginn. Ortswechsel. Neue Geschäftspartner.

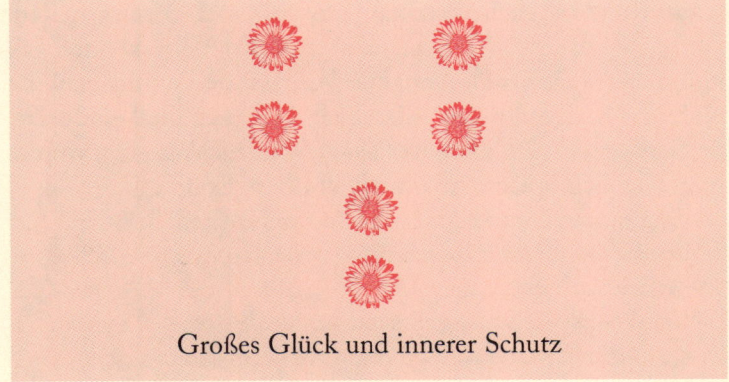

Großes Glück und innerer Schutz

Die Stimmung: Dieses Sigel lässt Wünsche wahr werden. Doch will das Glück, das es verspricht, auch umworben sein. Setze daher auf die Karte, auf die du schon immer setzen wolltest. Stoße gegen den Stein, der die anderen zum Rollen bringt. Vor allem aber achte auf die kleinen Zufälle. Sie sind es, mit denen das Glück einhergeht. Hierzu musst du freilich sehr wach sein. Trägst du weiter deine Sorgen mit dir herum, wirst du auch blind für die kleinen Zeichen sein, die vom Glück künden. Doch frage dich auch, was du vom Glück erwartest. Verlangst du eher nach materiellen Dingen, wird das Glück ebenso wie diese bald vergehen. Suchst du hingegen dein inneres Glück, werden dir die weltlichen Dinge als Geschenk obendrein gegeben werden.

Die Aussicht: Mit diesem Zeichen wendet sich alles zum Guten. Bedrückende Schatten verfliegen und der Silberstreif am Horizont wird sichtbar. Insbesondere verspricht das Sigel: ehrliche Freundschaft. Innige Liebe. Austausch von Zärtlichkeiten. Feste Bindungen werden geschlossen. Zeiten beglückender Zweisamkeit. Ein treuer und einfühlsamer Partner findet sich ein, sofern er einem nicht bereits zur Seite steht. Freude über die Kinder. Überaus gute Nachrichten sind unterwegs. Heimkehr eines lange Vermissten. Wertvolle Geschenke werden gegeben. Gute Geschäfte sind möglich. Wer hat, der wird noch mehr erhalten. Ausreichend Geld. Viel versprechende Kontakte können geknüpft werden. Wohlgesonnene Vorgesetzte und angenehme Kollegen erleichtern den Alltag. Ein Sieg über die Feinde darf gefeiert werden. Prozesse werden gewonnen. Was gesät wurde, trägt reichlich Früchte und verspricht satte Ernten.

Kleines Glück und äußerer Schutz

Die Stimmung: Das kleine Glück wird zu Recht belächelt, sofern es nur am Materiellen haftet. Gilt es doch dergestalt als ein Zeichen des Stillstandes und des Kleingeistes. Hiervor warnt dich dieses Sigel. Suche deshalb nicht im Äußeren nach innerer Zufriedenheit. Denn innere Zufriedenheit ist die Voraussetzung für das Glück, das dir hier versprochen wird. Insofern bist du gefordert, dich von den Schatten, die deine Seele bedecken, zu befreien. Lässt du ab von Groll und Nachstellungen, hörst du auf, dich an anderen zu messen, wirst du dir selbst dabei helfen, zur Blüte zu werden, und eine seelenstärkende Kraft in dir entdecken. So in innerer Harmonie mit dir selbst wird sich auch die äußere Welt für dich wandeln, mag sie auch in den Augen der anderen unverändert bleiben.

Die Aussicht: Dieses Sigel bedeutet uns, dass das Glück scheu und flüchtig ist. Der Gipfel des Glücks ist überschritten, doch noch bleibt es uns hold, auch wenn es uns nicht mehr verwöhnt. Bescheidene Wünsche finden ihre Erfüllung. Günstige Entwicklungen zeichnen sich ab. Aufstieg und Erfolg im Beruf scheinen gesichert. Wollen wir jedoch die eingeschlagene Linie beibehalten, müssen wir uns jetzt dran festhalten und über den Tag hinausdenken. Was uns zuvor in den Schoß fiel, will nunmehr erarbeitet sein. Zeiten der Geradlinigkeit. Sicheres Gut. Eine kleine Erbschaft mag uns überraschen. Angenehme Gesellschaft und nützliche Begegnungen. Das stille Glück für Paare, die sich von Herzen mögen. Tröstungen mindern die Sorgen. Heimtücke mag einen nicht gefährden. Für einen glimpflichen Ausgang im offenen Streit ist dieses Zeichen jedoch zu schwach. Darum sollten wir unseren Feinden keine Blößen zeigen.

Die Freude und die Aufsteigende

Die Stimmung: Die Zeit des Stillstandes ist unter diesem Sigel Vergangenheit. Als mächtiges Tor erscheint es dir, das dich hinausführen wird aus den alten Gemäuern in eine neue Welt. Bist du bereit, dich und deine Welt neu zu entdecken, dann schreite getrost hindurch. Doch solltest du auch frei sein, dich zu bewegen. Halten dich alte Bande, können sie zu starken Fesseln werden und deine Reise wird ein Ausflug bleiben. Auch solltest du nicht ziellos durch die Gegend streifen, willst du dich nicht im Beliebigen verlieren. Aber auch ein starres Ziel wird deinen Blick verengen, und deine Reise wäre nur eine Flucht. Bewahrst du dir deine Beweglichkeit, wirst du den goldenen Mittelweg finden. Auf ihm wirst du Hab und Gut und Erfahrung sammeln. Beides wird den Grundstock für ein neues Heim geben, das du an jener Rast errichtest, die dir zur Dauer wird.

Die Aussicht: Dies ist ein gutes Sigel. Es bedrückt uns nicht und lässt uns durchatmen, besitzt aber auch strenge Züge, vor allem, wenn es um die Verwirklichung von Ideen geht. Hier bevorzugt es allein den Strebsamen und Hartnäckigen. Freundschaften, Anerkennung, gegenseitige Achtung und wohlwollende Begegnungen sind indes die Eigenschaften, die von ihm in besonderer Weise begünstigt werden. Weitere Bedeutungen sind: Friede und Eintracht. Annehmlich-

46

keiten. Harmonie. Ehrgefühl. Verstand und Gelehrsamkeit. Geistige Entwicklung. Tiefe Einsichten. Lustbarkeiten. Überschwang. Familienfeste. Genesung und gute Gesundheit. Schwindende Angst und wiederkehrender Mut. Ehrenvolle Verpflichtungen. Tilgung von Schuld. Neue und vorteilhafte Freundschaft. Aufrichtige Liebe.

Die Traurigkeit und die Absteigende

Die Stimmung: Zeigt dieses Sigel ein offenes Hufeisen, in das das Glück rinnen soll, oder ist es eine Urne, in die die bitteren Tränen der Trauer fallen? Mache dich auf beides gefasst, denn es steht dir eine Zeit der Dürre bevor. Du wirst durch eine große Wüste irren. Wer jetzt nicht weiß, wofür er leidet, der wird auch noch klagen, wenn er im grünen Schatten unter Palmen lagert. Weißt du jedoch, was dich in die Wüste führte, wirst du dein Leiden als Prüfung verstehen. Deine Klage wird dir zur Hoffnung werden, und du wirst entdecken, dass auch die Wüste lebt. Hier darfst du dann die Kraft finden, die dich vom tiefsten Grund zu lichten Höhen leitet. Alsdann kehrst du als ein Gewandelter zurück, der von nun an die Früchte mit Bedacht zu wählen weiß.

Die Aussicht: Dies ist ein düsteres Zeichen. Schatten und Dunkelheit gehen mit ihm einher. Was sich senkte, wird von ihm noch weiter niedergedrückt, und was aufrecht steht, wird von ihm belastet, auf dass es sich krümmt. Trübe Gedanken und schwere

Träume stellen sich ein. Kälte ist um uns herum. Die Partner-
schaft zeigt Risse. Lieblosigkeit nimmt überhand. Begegnungen
bleiben unergiebig. Sich regende Liebe wird nicht erwidert. Des
Weiteren kündet das Sigel von falschen Freunden, von Vertrauens-
bruch, von Verrat und Hinterlist und zermürbendem Streit.
Furchtsamkeit und Sorgen verlangsamen das Geschehen. Zähes
Gelingen. Schwere Arbeit und nutzloses Tun. Geiz. Böse Neider.
Offene Feindschaft. Gefahr. Schlechte Nachrichten stehen ins Haus.
Erbstreitigkeiten. Verlust an Hab und Gut. Unrecht geschieht
uns. Mit schwerer Krankheit ist zu rechnen. Der Tod klopft an.

Das Mädchen und die Lautere

Die Stimmung: Dieses Zeichen birgt ein Geheimnis, das nur du
ergründen kannst, denn du bist es selbst. Vor dir liegt ein weites
Feld. Was wird auf ihm wachsen, magst du dich fragen, und wer
wird es ernten, oder wird es eine Brache bleiben? Du hättest deine
Frage nicht gestellt, wüsstest du darum. Gleichwohl wirft dich
das Orakel auf dich selbst zurück. Es sagt dir, du hast guten Boden und reichlich Sonne, doch ebenso warten auf dich Plagen
und Wetter. Was du daraus machst, liegt in deiner Wahl, wäge
und urteile. Doch wäge nicht zu lange und urteile nicht zu forsch,
beides bringt Verhängnisse mit sich. Bleibst du aber unbefangen
und deinem Gewissen treu, wirst du dich nicht versuchen lassen.
Am Ende magst du dein Geheimnis ergründet haben.

Die Aussicht: Dies ist ein angenehmes Zeichen, dennoch bleibt es lau. Alles Überschwängliche ist ihm abhold. In seinem Streben nach Ausgleich und Gleichklang ebnet es vieles ein. Besondere Talente und Ideen kommen nicht zur Geltung. Dafür begünstigt es Mittelmaß und lässt an die eigene Großartigkeit glauben. In dieser Weise ist es ein gutes Zeichen für Gecken und Scharlatane. In seiner grundsätzlichen Bedeutung verspricht es uns allgemein Vorteile und günstige Entwicklungen. Liebe wird erwidert. Zärtlichkeiten werden ausgetauscht. Gefestigte Partnerschaft. Anmut. Gute Geschäfte. Schöne Reisen. Geselligkeit bei Speis und Trank. Spiel und Spaß. Gute Karten. Glück im Spiel. Der bezwungene Feind steht in unserer Schuld. Zufriedenheit. Beschwingte Laune. Jetzt ist die Zeit zu kaufen, sich zu versöhnen, einen Prozess abzuwenden oder einen verlorenen Faden wieder aufzunehmen.

Der Knabe und der Leichtsinnige

Die Stimmung: Dieses Zeichen scheint einen Kern zu umschließen, aus dem ein starker Spross treibt. Bist du der Spross, wirst du dem Himmel entgegenwachsen, bist du der Kern, wirst du Wurzeln schlagen. Beides steht dir zur Wahl, und beides scheint dir gleichermaßen verlockend. Doch weder das eine noch das andere ist für sich allein von Nutzen, vielmehr birgt beides für und in sich ein eigenes Verhängnis. Die unauflösliche

Einheit beider Kräfte zu erkennen, mit sich zu versöhnen und in sich zu pflegen, wird dir zur Aufgabe werden. Um vom Künftigen nicht übermannt zu werden, bist du ebenso auf Rückhalt wie auf eigenen Schwung und Zielstrebigkeit angewiesen. Setzt du dich darüber hinweg, wird der Spross noch vor der Blüte knicken und die Wurzeln werden keinen Boden finden. Kehre dich um, um vorauszublicken!

Die Aussicht: Dies ist ein launisches Zeichen. In ihm ist eine brisante Kraft verborgen, Entschlossenheit und Mut, bis hin zum Übermut. Ein furioser Start. Höchstleistung und Überwindung von Grenzen sind möglich. Ebenso schlagartige Erschöpfung. Es treibt uns zu Taten, an denen wir uns zuvor niemals versuchten. Den Wagemutigen belohnt es, den Zögerlichen stürzt es. Große Freiheiten werden uns gewährt. Fesseln, die wir jetzt sprengen, werden uns nie mehr binden. Außerdem stellt es rasche Geschäftsabschlüsse in Aussicht. Schnelle Gewinne. Unerwartete Vorteile. Eine überraschende Erbschaft. Erfreuliche Mitteilungen. Liebelei. Rausch. Unbesonnenheit, Prahlerei und Händel. Jähe Feindschaften flammen auf. Plötzliche Erkrankung und Krankheit mit wechselvollem Verlauf trüben das Bild, besonders dann, wenn wir uns verausgabt haben.

Die Rote und die Entschlossene

Die Stimmung: Schluss mit dem Wankelmut, vorbei mit allem Wenn und Aber: Dieses Sigel ruft dich zur Tat. Also stehe für das ein, woran du glaubst. An deinen eigenen Träumen und Worten sollst du dich messen. Die Kraft, den Himmel einzureißen, ruht in dir. Suche sie nicht, messe sie nicht, sondern beginne, die Götter zu stürzen. Im Tun offenbart sich die Kraft und wächst dir zu wie der Sturm dem Wind. Bedenke nicht, was dich aufhalten könnte. Rase. Reiße nieder und schlage fruchtbare Schneisen. Setze in die Welt, was dich bewegt. Deine Kraft zu brechen stehen andere auf. Verfängst du dich jedoch in ihnen, wird der Sturm zum Wind und der Wind zum Lüftchen werden. Und es wird viele sengende Tage währen, bis aus einem lauen Lüftchen wieder ein tobender Sturm erwächst.

Die Aussicht: Dies ist ein ungutes Sigel. Es ist hitzig und voller unterschwelliger Angriffslust. Zudem lässt sich seine Gewalt nur schwer fassen, da es sich beständig wandelt. Es erscheint, stößt zu und verschwindet im nächsten Augenblick, um unvermutet wieder aufzutauchen. Es kündet von Unruhe, Habsucht, Streitlust und scharfen Kontroversen. Feinde werden uns bezwingen, und wir haben einen hohen Tribut zu entrichten. Wir werden bestohlen und betrogen. Schlechte Nachrichten trudeln ein.

Außerdem: verlorene Gerichtsverfahren. Treulose und heuchlerische Partner. Ärger mit den Kindern. Unfrieden im Haus. Eine schmerzhafte Trennung. Freunde wenden sich ab. Man spricht schlecht über uns. Unangenehme Begegnungen. Schlechte Geschäfte. Schulden. Düstere Gedanken. Große Angst, die nicht unbegründet ist. Langwierige Erkrankungen. Große Gefahren.

Die Blasse und die Besonnene

Die Stimmung: Mit diesem Zeichen trägst du Licht in den Schatten. Nicht um ihn zu erhellen, sondern um ihm seine Finsternis bewusst zu machen. Und du selbst sollst die Leuchte sein, die dies bewirkt. Solche Vorbildlichkeit erlangst du freilich nicht, wenn du deinen eigenen Schatten verleugnest. Denn dann wird der Schatten, den du wirfst, dunkler sein als jener, in den du trittst, und man wird auf ihn und nicht auf dich zeigen. Dein Licht soll jedoch nicht glänzender Schein, sondern leuchtende Gestalt sein. Also finde die Form, die du erhitzen willst. Wähle nicht den Prunk, sondern die Schlichtheit; schließlich willst du erkannt und verstanden werden. Meide aber jede falsche Bescheidenheit. Fülle darum die Form mit Leidenschaft und Liebe, nur so wird sie zur wärmenden Glut, und nur so wird man sich um sie scharen.

Die Aussicht: Dies ist ein recht günstiges Zeichen, außer für Kranke, an deren Kräften es erheblich zehrt. Auch ist es ein wenig kraftlos und lässt uns mehr im Kopf als in der Welt leben. Dafür beschert es uns unglaubliche Einfälle. Ansonsten erfahren wir durch dieses Sigel Gerechtigkeit und Genugtuung. Abhanden gekommene Sachen stellen sich wieder ein. Versprechen werden eingelöst. Auftrieb in der Partnerschaft. Belebende Flirts.

Kleine Liebesgaben. Freundschaften werden gefestigt. Entfernte Bekannte geraten in Vergessenheit. Abschied. Gute Nachrichten sind unterwegs. Kleine Spielgewinne. Langfristiges Auskommen. Geduldige Vorgesetzte. Geringe Tatkraft, aber geistige Anstrengung. Beschaulichkeit. Verborgenes wird erkannt. Verständnis und weise Einsicht. Zufriedene Ermattung. Schweigen.

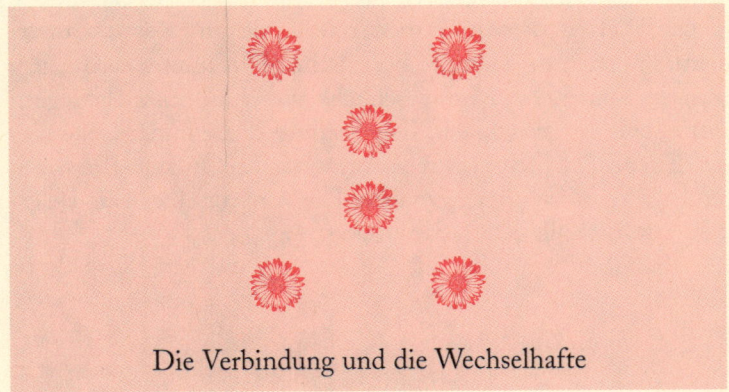

Die Verbindung und die Wechselhafte

Die Stimmung: Alles oder nichts ist unter diesem Sigel die falsche Devise. Strebst du ihr nach, wirst du kläglich scheitern. Aber auch berechnender Ausgleich und listige Übereinstimmung würden dir hier zum Verhängnis werden. Nicht die kalte Absicht und der erwogene Nutzen dürfen dich leiten, sondern allein das gemeinsame Ziel, das auch dein Ziel sein sollte. Ergründe daher ehrlich, was dich leitet, ehe du dich verbrüderst. Frage dich auch, was du bereit bist zu geben. Denn der Zugewinn, der dir in Aussicht gestellt wird, vermag nur dort zu wurzeln, wo du ihm zuvor bereits Raum gewährt hast. Freilich ist dies nicht das Spiel vom Geben und Nehmen, das damit gemeint ist. Nein, es ist das Spiel des Gebens um des Gebens willen. Dies allein verschafft dir jenen Reichtum, der nicht mit Gold aufzuwiegen ist. Hast du dies von Herzen begriffen, darfst du deine Hand in viele Hände legen und gen Himmel richten.

Die Aussicht: Dies ist ein mäßiges Zeichen. Es hascht nach dem Großen und fängt doch meist das Geringere. Doch auch das kleine Glück ist Glück. Verschmähen wir es, wenden wir uns dem Unglück zu. Dies mag die Mahnung dieses Sigels sein. Und so kündet es von sich gut entwickelnden Geschäften, verspricht jedoch keinen Gewinn. Weiter steht es für Gelehrsamkeit, Forschungsdrang, Ideenreichtum und Kunstverständnis. Eigenschaften, die wir erarbeiten und pflegen müssen. Außerdem: angenehme Träume. Berufliches Fortkommen. Geringe Zinsen. Finderlohn. Mitmenschlichkeit. Freundliches Entgegenkommen. Gemeinsamkeit. Die ersehnte Liebe findet Gegenliebe. Ein großer Freundeskreis. Angst vor Einsamkeit. Ein Streit und ein Feind werden gewonnen. Die Abwehr einer Feindseligkeit erfordert alle Kraft. Sammlung.

Das Gefängnis und die Falle

Die Stimmung: Dieses Zeichen spricht: Hüte dich vor diesem Turm, der dich so anzieht. Sieh in ihm nicht das Traumschloss und nicht die Gralsburg. Bleibe wach und schlüpfe nicht in das Gewand des weisen Toren, willst du nicht zum Träumer und zum Narren werden. Gehe nicht durch diese Tür, denn du wirst der Verlockung nicht widerstehen, sie zu schließen, um die Welt auszusperren. Die Ruhe, die der Raum dir versprach, wird zu

deiner Unruhe werden. Und du wirst in seinem Gemäuer kreisen und kreisen und den Ausgang nicht mehr finden. Und niemand wird da sein, dich zu befreien, denn niemand wird dich in deiner Not erkennen. Erst wenn du vor Erschöpfung niedersinkst, magst du das Kreisen lassen. Dann aber wirst du sehen, dass der Turm, den du betratst, nur ein Trugbild war. Mögen die Tränen, die du darauf weinst, auf fruchtbaren Boden fallen.

Die Aussicht: In diesem Zeichen findet sich Gutes und Schlechtes. Und so bestätigt es die Sorge oder nährt die Hoffnung, je nachdem, welche Stimmung die Frage lenkt.

Seine schlechte Seite weist auf: Ich-Besessenheit. Abkapselung. Verschlossenheit. Anhaftung. Machthunger. Geschäftliche Hindernisse. Schulden. Druck von außen. Zwist mit Freunden. Verborgene Feinde. Verhinderte Reise. Verlogene Liebe. Schmerzhafte Krankheit.

Seine gute Seite weist auf: liebe Kinder. Schutz für Schwache. Zeitweilige Sicherheit. Einträgliche Geheimnisse. Verborgenes Liebesglück. Zuwendung und Dienstbarkeit. Scharfer Verstand. Ausstechen des Mitbewerbers. Nützliche Freundschaft. Schwacher Vorgesetzter. Heimliches Mitwissen. Magische Kräfte.

Der Eingang und die Vorsichtige

Die Stimmung: Du trägst ein Feuer in dir und weißt nicht darum, meint dieses Sigel. Wähnst du es, oder vermutest du nur eine stille Glut? Blicke tief in die Schründe deiner Seele, und du erahnst in ihrer Tiefe Lohe oder glosende Asche. Ist es Letzteres, ist deine Frage durch die Frage beantwortet. Ist es aber Ersteres, so solltest du die Flamme anfachen, auf dass deine Augen erglühen und dein Herz flammt. Schließlich willst du erringen, um was du buhlst. Sprich mit feuriger Zunge und greife mit heißer Hand. Lass Funken sprühen, auf dass der Funke überspringt. Bedenke nicht, sonst weißt du nie um die Gewalt dieser Kraft. Nur wenn du erfasst, mit welcher Macht sie zu sengen vermag, wirst du lernen, diesen Brand zu bändigen. Dann aber verfügst du über eine Kraft, die dich höher hebt als du zielen kannst.

Die Aussicht: Dies ist ein positives Zeichen. Es macht aus Plänen Taten und will, dass diese so gedeihen, wie sie gedacht sind. Dies bedeutet aber auch, dass der Plan wichtiger als das Ziel ist. Zudem kündet es von seelischer Gesundheit und zeigt auf den Einsichtigen, der zu sich selbst findet. Mit Ausdauer und Zielstrebigkeit gelingt alles Begonnene zur Zufriedenheit.

Des Weiteren stützt es folgende Belange: inneres Glück. Lange Vermisstes wird wieder gefunden. Man sieht uns mit Wohlgefallen. Baldige Bindung für den, der auf Freiersfüßen geht. Harmonische Liebe. Sinnlichkeit. Kindersegen. Anhaltende Verbundenheit nicht nur für frisch Verliebte. Brüderlichkeit. Achtung der Vorgesetzten. Beruflicher Aufstieg. Wachsende Einnahmen. Genuss und Freude. Beschwingte Feste. Furchtlosigkeit. Ratlose Feinde. Gottvertrauen in möglicher Gefahr. Schöner, sanfter Tod.

Der Ausgang und die Hinterlistige

Die Stimmung: Wieso wehrst du dich gegen das, was ohnehin geschehen wird? Siehst du nicht, dass das, wogegen du aufbegehrst, längst in die Welt getreten ist und seinen Raum behauptet? Dein Widerstand mag deinem Ehrgefühl nutzen, doch verdunkelst du damit nur dein Geschick. Strecke die Waffen und ergib dich. So zeigst du dich auch in der Niederlage achtbar und darfst um einen ehrbaren Frieden ringen. Er wird dir nicht versagt werden. Ein solcher Frieden mag dir zu späterer Zeit zum Sieg gereichen. Doch blicke jetzt nicht zu weit voraus, schließlich hast du noch etliches abzugeben. Bringe also zu Ende, was so lange nicht enden wollte. Reiße das Verkümmerte und Fruchtlose mit der Wurzel aus. Und magst du auch in solcher Tiefe weinen, bedenke, sie ist zugleich auch der Antritt zu lichteren Höhen.

Die Aussicht: Dies ist ein überwiegend negatives Zeichen. Es zeigt den Menschen, der sein Heil in Äußerlichkeiten sucht und doch mit seinen Taten mehr zerstört als errichtet. Im Einzelnen bedeutet es: große Nachteile, wo Vorteile winken. Brand. Diebstahl. Verrat. Zerstörung. Ungünstige Geschäfte. Anhaltende Verzögerungen. Unerquickliche Reise. Etwas geht unwiederbringlich verloren. Innere Unrast. Unangenehme Menschen. Untreue.

Missratene Kinder. Schlechte Speisen. Albdrücken. Schlaflosigkeit. Falsche Freunde. Lasterhaftigkeit und rauschhafte Entgleisungen. Argwohn. Niedertracht und Neid. Furcht und Angst lähmen die Abwehr.

An Positivem verspricht es zumindest, dass wir unsere Feinde mit großer Mühe zurückzuhalten vermögen; Veräußerungsgewinne, um aus der Not eine Tugend zu machen, sowie Genesung von langer Krankheit.

Das Volk und die Schwatzhafte

Die Stimmung: Wo stehst du in diesem Brausen? Alles bewegt sich um dich herum, und du hast Mühe, Schritt zu halten. Geht es doch mal in diese, mal in jene Richtung. Willst du weiter mitlaufen, musst du deine Schuhe oft besohlen. Willst du dir dies ersparen, solltest du stehen bleiben und deine Stimme erheben, damit man sich um dich schart. Und wenn du weißt, was du zu sagen hast, so wirst du auch wissen, wie du es zu sagen hast, damit man dir zuhört. Dies wird freilich in den Ohren noch einmal anders klingen als im Mund. Doch geht es hier ohnehin nicht um das Gesagte, sondern nur ums Sagen. Der Austausch ist Botschaft und Formendes zugleich. Bleibst du jedoch in dieser Begrenzung, wirst du zum Umstehenden werden und dein

Sagen wird zum Echo werden. Darum frage dich stets erneut: Wo stehe ich in diesem Brausen? Bin ich Mitläufer, Umstehender, Sagender oder bin ich ich selbst?

Die Aussicht: Dieses Zeichen erhöht das Gute und erniedrigt das Schlechte. Die Richtung, in die es drängt, verfolgt es mit bedachter Zähigkeit und gewitzter Beweglichkeit. Und so verspricht das Sigel: Gehen die Geschäfte gut, werden sie noch besser gehen; gehen sie schleppend, werden die Verluste weiter wachsen. Ist der Kranke am Genesen, wird er auch rasch gesunden; geht es ihm schlecht, liegt die Krise noch vor ihm. Hat die Liebe gefunkt, wird sie entflammen; zeigt das Herz indes Risse, wird es zerbrechen.

Ansonsten warnt dieses Zeichen vor Bienenstich und Hundebiss, was durchaus auch in übertragenem Sinne gilt. Wünsche bleiben unerfüllt. Unordnung kehrt ins Haus. Beschwernisse beim Reisen. Außerdem versichert es an Gutem: Dem Gläubiger wird die Schuld getilgt. Es ist eine gute Zeit, um Freunde und Verwandte zu treffen.

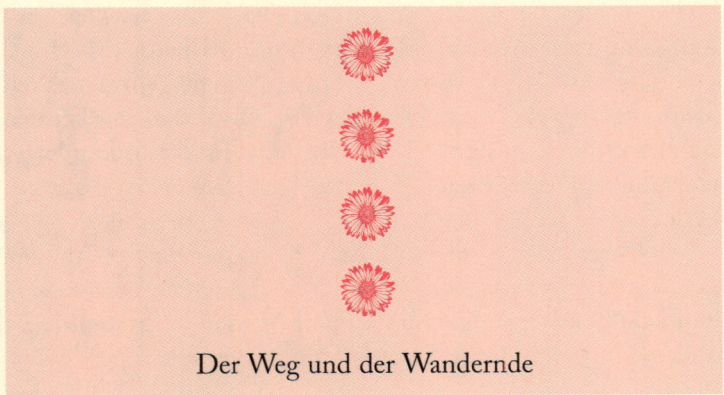

Der Weg und der Wandernde

Die Stimmung: Dieser Weg ist das Ziel. Ja, mehr noch, er ist, hast du erst einmal den ersten Schritt zu dieser Reise getan, die

einzige Karte. Hast du sie gespielt, wird es für dich kein Zurück mehr geben. Also solltest du die Strecke, die du zu gehen hast, gut bemessen und dementsprechend gut gerüstet sein. Denn du wandelst auf einem schmalen Grat voller Gefahren. Ein Fehltritt, und du wirst sehr tief fallen. Ob du dich danach noch einmal aufzurappeln vermagst, hängt von deinem Willen und deinen Fertigkeiten ab. Genügt beides der Aufgabe nicht, hast du verspielt. Zudem lauern in den Schatten böse Schratte, die dich in die Irre locken wollen. Verfalle ihren Einflüsterungen nicht, sondern suche stattdessen die Einsamkeit in dir.

Die Aussicht: Dies ist ein zwiespältiges Zeichen. Es ist ein Retter, wenn der Stern am Sinken ist, dafür wirkt es hemmend, sobald der Stern über den Horizont steigt. Es ist launisch, und Laune widersetzt sich gern jeder Strömung. Vorderhand kündet es von einer einträglichen Reise und von gesunder und glücklicher Heimkehr. Kranke haben indes eine lange Leidenszeit zu erwarten.

Außerdem bedeutet dieses Sigel: viel Arbeit und wenig Gewinn. Das Geld schwindet, doch wer keines hat, darf auf Befreiung von seiner Schuldenlast hoffen. Kleine Erbschaft. Wünsche verkehren sich ins Gegenteil. Schöne Worte machen nicht satt, aber zufrieden. Der Bücherwurm wird nicht über den Buchrand blicken. Bedrückung. In Herzenssachen kündet es von lauer Liebe, Untreue, Zeiten der Einsamkeit und spätem Glück.

An Gutem verspricht es: Dunkle Ahnungen bleiben Ahnungen. Verleumder werden bloßgestellt. Wir erfahren wohl tuende und anhaltende Anerkennung. Freunde in der Not. Schneller Tod.

32 Fragen
an das Gänseblümchen-Orakel

Seit Abertausenden von Jahren wurden von unzähligen Generationen Fragen an das eine oder andere Orakel gestellt. Nur wenige dieser Fragen sind uns erhalten geblieben, wie etwa die Frage des lydischen Königs Kroisos, der das Orakel von Delphi fragte, ob er die Perser, die sein Land bedrohten, angreifen sollte. Er erhielt in für dieses Orakel typischer Zweideutigkeit zur Antwort, wenn er das tue, würde er ein großes Reich zerstören. Kroisos glaubte, die Antwort bezöge sich auf das Perserreich, und zog in den Krieg. Am Ende siegten die Perser und zerstörten das lydische Reich.

Doch die meisten Fragen, die an ein Orakel gestellt wurden und werden, dürften weit weniger von solch weltbewegender, dafür aber oft von nicht weniger existenzieller Art gewesen sein. Es gibt ein Orakel im Internet, das sich zwar befragen lässt, aber keine Antworten gibt. Es nennt sich nach der kalifornischen Universität »Das Orakel von Berkeley«. Der tiefere Sinn dieses Orakels ist auf der Webseite so formuliert:[4]

Manchmal ist es nicht die Antwort,
die eine Frage ausmacht,
sondern das Fehlen der Antwort.
Fragen zu stellen,
scheint Teil unserer Natur zu sein,
egal wie die Antwort ausfällt
oder wie groß die Chancen sind,
Antworten zu finden
oder zu geben.

---

4   www.is-bremen.de/~raro/oracle/design/deutsch/index.html

Das einzig Wesentliche an diesem Orakel sind also die Fragen, die von Nutzern des Internets an das Orakel gerichtet werden und die in einem angehängten Archiv nachgelesen werden können. Unterzieht man sich der Mühe, in diesem Archiv zu stöbern, fällt einem auf, dass sich die gestellten Fragen in ihrer Mehrheit in verblüffender Weise kaum von jenen Fragen unterscheiden, denen wir auch beim Frage- und Antwortspiel in alten Losbüchern begegnen. Diesen Losbüchern war für gewöhnlich ein Fragekatalog vorangestellt. Man wählte die Frage, die einen beschäftigte, und führte darauf die Losung nach den beschriebenen Regeln durch. Anhand dieser Losung wurde man anschließend oft über mehrere Umwege zur passenden Antwort gelenkt.

Die diesen Losbüchern vorangestellten Fragen drehten sich ausschließlich um sehr persönliche Belange. Es waren also die immer wiederkehrenden Fragen nach Familie, Liebe, Beruf, Vermögen, Ortswechsel, Prüfungen und Gesundheit, die uns Menschen stets wiederkehrend beschäftigen und die, wie wir von Ausgrabungen an antiken Orakelstätten wissen, über die Jahrtausende hinweg von den unterschiedlichsten Orakeln beantwortet wurden. Und von nicht anderer Güte sind die Fragen, die uns auch heute im Zeitalter des Internets bewegen, wie die Fragensammlung des »Orakels von Berkeley« zeigt. Fragte man beispielsweise um die Wende des 19. Jahrhunderts mithilfe eines Losbuches: »Wodurch könnte ich zu Reichtum kommen?«, so lautet die Frage heute schlicht: »Werde ich megareich?« Oder fragte man einst: »Empfindet die von mir geliebte Person Gegenliebe für mich?«, so fragt man heute in gleicher Weise: »Liebt mich Rolly?« oder »Liebt mich mein Freund Kai, und hat er mich schon einmal betrogen?«

Diese und ähnliche uns immer wieder begegnende Fragen an das Schicksal wurden in nachstehendem Fragenkatalog zu 32 Fragen zusammengefasst. Sie mögen uns, sofern wir für den Augenblick diese Sorge nicht teilen, durchaus lächerlich vorkommen. Doch sobald sie uns bewegen und uns mit unserem Schicksal hadern lassen, wandeln sie sich für uns zu weltbewegenden Fragen, zu denen wir verzweifelt und hoffend eine Antwort erbitten. Es sind also durch und durch lebensnahe Fragen, zu denen Ihnen das Gänseblümchen-Orakel auf den folgenden Seiten Antwort gibt.

Anleitung für den Frage-und-Antwort-Katalog

Lesen Sie sich die Auswahl der 32 Fragen durch. Finden Sie darin eine Frage, die Sie persönlich bewegt und zu der Sie eine Antwort wünschen beziehungsweise die sie für einen Freund stellen möchten, dürfen Sie das Orakel befragen.

Hierzu legen Sie 16 Gänseblümchenblüten (ersatzweise Glasperlen) zu einem Kreis aus. Legen Sie sich einen Zettel und einen Stift zur Seite, um die Figur, die Sie zur Antwort führen wird, festzuhalten. Nun wiederholen Sie die Frage laut und greifen mit Ihrer linken Hand von links nach rechts nach den Blüten in dem Kreis. Anschließend zählen Sie die Blüten paarweise aus Ihrer Hand in den Kreis zurück. Bleiben am Ende zwei Blüten übrig, malen Sie zwei Punkte zu Ihrer Figur; behalten Sie nur eine Blüte in der Hand, malen Sie einen Punkt. Danach wiederholen Sie die Losung noch drei Mal und sprechen dazu die gewählte Frage laut aus.

Diese Art der Losung ist auf Seite 32 bereits beispielhaft illustriert erläutert.

Nachdem Sie in dieser Weise eine Figur gelost haben, blättern Sie weiter, bis Sie auf die Seite mit den Antworten dieser Figur stoßen. Hier finden Sie die Ihnen vom Schicksal bestimmte Antwort unter der gleichen Nummer, die der Frage vorangestellt wurde.

Zum leichteren Auffinden der Antworten

sind nachstehend die 16 möglichen Figuren
in ihrer Reihenfolge abgebildet.

Neben jeder Figur ist die Seitenzahl vermerkt,
auf der sie zu finden ist.

Seite 66    Seite 69 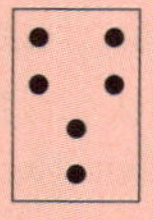   Seite 71 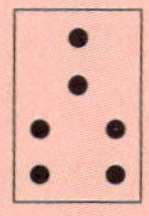   Seite 73

Seite 76    Seite 78    Seite 80    Seite 82

Seite 85    Seite 87    Seite 89 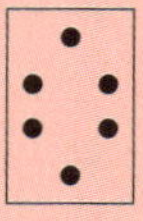   Seite 92

Seite 94    Seite 96    Seite 98 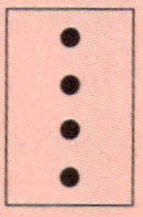   Seite 101

Die Fragen

1. Welche Frage soll ich an das Orakel richten?
2. Wird mir das Schicksal für längere Zeit günstig gestimmt sein?
3. Wovor sollte ich mich in der nächsten Zeit besonders in Acht nehmen?
4. Wird alsbald etwas Neues auf mich zukommen, oder werde ich im alten Fahrwasser bleiben?
5. Wie wird es weitergehen, wenn die befragte Angelegenheit zu ihrem Abschluss gelangt ist?
6. Wie lange wird mich das Schlimme noch bedrücken, und werde ich es vergessen können?
7. Wie wird der Streit für mich ausgehen?
8. Soll ich den mir gegebenen Rat befolgen?
9. Wie denkt man über mich?
10. Werden meine Träume Wirklichkeit werden?
11. Werde ich irgendwann reich werden, und was kann ich dazu tun?
12. Werde ich einmal in der Lotterie gewinnen?
13. Soll ich meinen Plan in die Tat umsetzen, und wird er von Erfolg gekrönt sein?
14. Werde ich die Aufgabe erfüllen beziehungsweise die Prüfung bestehen?
15. Was wird sein, wenn ich mich an einen anderen Ort begebe?
16. Werde ich in absehbarer Zeit meinen Arbeitsplatz wechseln?
17. Werde ich die Position erhalten, die mir in Aussicht gestellt wurde?
18. Werde ich in meiner Firma Karriere machen und bald mehr verdienen?
19. Mit welchen Mitteln kann ich meine Karriere fördern?
20. Habe ich mich in der befragten Person getäuscht, soll ich mich von ihr abwenden?

21. Werde ich die Person, an die ich denke, jemals verstehen, und wie weit darf ich ihr trauen?
22. Wann und wo werde ich endlich meiner großen Liebe begegnen?
23. Werde ich die Person, die mich begeisterte, noch einmal sehen und womöglich kennen lernen?
24. Werde ich von der Person, an die ich denke, geliebt?
25. Werde ich den Geliebten/die Geliebte erobern können, oder wird er/sie sich an jemand anderen binden?
26. Wie lässt sich die von mir geliebte Person erobern?
27. Wird die Person, an die ich denke, mit mir die Ehe eingehen?
28. Werde ich eine glückliche Ehe führen und eine glückliche Familie haben?
29. Wird die Beziehung mit der von mir geliebten Person halten, oder wird sie mir untreu werden?
30. Ist die von mir geliebte Person die oder der Richtige für mich?
31. Wird die geliebte Person wieder zu mir zurückkehren?
32. Wird die Person, nach der ich frage, wieder gesunden?

Die Antworten auf die 32 Fragen an das Gänseblümchen-Orakel

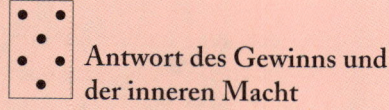

Antwort des Gewinns und der inneren Macht

1. Frage dich, ob du zufrieden bist. Meinst du, es zu sein, frage nicht weiter. Bist du dir unsicher, so frage nach dem, was du nicht siehst.
2. Es würde dir gern schmeicheln, wenn du ihm ausreichend Grund dafür gibst.

3. Nimm dir keine Dinge vor, die eine Nummer zu groß für dich sind, sonst wirst du für das Machbare keine Kraft mehr haben.

4. Da du diese Frage gestellt hast, wirst du weiter im alten Wasser dümpeln, weil du die neue Strömung nicht erkennst.

5. Du wirst keine Zeit haben, dich zurückzulehnen, denn mit Abschluss der alten Aufgabe wachsen dir neue Pflichten hinzu. Schmiede also jetzt schon neue Pläne!

6. Was dich bedrückt, wirst du morgen schon vergessen haben, vorausgesetzt du hast den Mut, einen Schlussstrich zu ziehen.

7. Krempelst du die Ärmel hoch und zeigst deine Muskeln, wirst du als Sieger den Ring verlassen.

8. Klug wäre es von dir, du folgst ihm gleich, doch da du dich kennst und diese Frage gestellt hast, musst du erst einmal auf Granit beißen. Hoffentlich hast du gute Zähne!

9. Wieso fischst du nach Komplimenten, wo du doch in den Augen der anderen sehen kannst, dass du ein Lichtblick bist?

10. Solange du dich bescheidest und von Dingen träumst, die nahe liegen, vermagst du ihnen Gestalt verleihen.

11. Denkst du an reichen Erfahrungsschatz, wird deine Schatzkammer überborden. Ob jedoch jemand bereit ist, diesen Schatz in Gold zu tauschen, steht in den Sternen.

12. Sofern du lange genug spielst, wirst du mit Trostpreisen belohnt werden. Besser, du lässt dich beschenken.

13. Halte dich nicht mit Fragen auf, sondern beginne mit deinem Vorhaben. Das Glück liegt im Tun und nicht im Ziel!

14. Sofern du dich gehörig auf deinen Hosenboden setzt, wirst du das gesetzte Ziel erreichen. Lass dich nicht ablenken!

15. Das Heimweh wird dich immer wieder an den alten Ort zurücktreiben.

16. Solange du zauderst, wirst du dich nicht verändern. Dabei willst du doch den Faden, der dich hält, zerschneiden.

17. Verstehst du es nicht, dich in den Vordergrund zu drängeln, wird man dich bei der Zuteilung übersehen.

18. Ansehen und Ehre sind wohlfeil. Also hoffe nicht darauf, dass man dir den Aufstieg vergoldet.

19. Solange du unter den Wasserträgern bleibst, wirst du weiterhin Wasser tragen. Wirfst du aber die Last ab, hast du Zeit, dir die Rosinen aus dem Kuchen zu picken.

20. Getäuscht hast du dich sicherlich, doch du wirst angenehm enttäuscht sein. Denke darüber nach, warum das so war.

21. Deine Frage besagt, dass du nicht siehst, was du siehst, und nicht hörst, was du hörst. Enttäusche dich und bleibe bei ihr!

22. Solange du nur auf das Äußere achtest, wirst du dich mit Liebeleien begnügen müssen.

23. Warte nicht darauf, dass sie wiederkommt, sondern hefte dich an ihre Fersen. Blickt sie dir in die Augen, solltest du sie ansprechen.

24. Denkst du an die Richtige, wird dir warm ums Herz werden. Denkst du an die Falsche, wird deine Börse schmäler werden.

25. Solange du dich weiterhin versteckst, wirst du nur zusehen dürfen, wie die Sonne hinterm Horizont verschwindet.

26. Öffne dein Herz und zeige deine Gefühle. Doch sprich nicht über sie, denn Worte sind jetzt Schall und Rauch.

27. Mit dir vielleicht schon, aber nicht mit deinen Gewohnheiten, du hast noch viel glatt zu feilen.

28. Sofern du die Beschaulichkeit suchst, wirst du alles haben, was du dir wünschst.

29. Höre nicht auf andere, sondern auf deinen Schatz, dann wird sich festigen, was andere zerreden wollen.

30. Frage dich im stillen Kämmerlein, ob du die richtige Person für sie bist.

31. Wenn du dich ins Zeug legst und um sie buhlst, mag sie wieder zurückfinden. Nur überdenke sehr genau, welchen Gefallen du dir damit eigentlich erweist.

32. Sie wird bald wieder springen wie ein junges Fohlen.

1. Stößt du dich an der Welt und fragst du dich, warum dein Blick verschleiert ist, so frage das Orakel, was du ändern sollst. Andernfalls frage nach deinem Unglück.

2. Das Glück flieht vor dir, solange du dich anstrengst, es zu fassen. Sei glücklich, und es kehrt zurück!

3. Hüte dich vor dir selbst, denn du selbst bist es, der dir so häufig ein Bein stellt. Bewege dich also langsam, und achte darauf, wohin du deine Schritte setzt.

4. Deine Fahrt führt dich in immer neue Wasser. Doch sie werden immer flacher, während du über neue Aussichten jubelst.

5. Denkst du an ein Ende, wird deine Angelegenheit nicht enden, sondern eine Geschichte ohne Ende bleiben.

6. Da der Teufel mit Vorliebe auf denselben Fleck macht, wird dir das Pech treu bleiben. Im Schlaf wirst du es vergessen.

7. Man wird dich so lange an der Nase herumführen, bis du schließlich aufgibst. Also wirf am besten gleich das Handtuch.

8. Gefällt dir der Rat, dann verwerfe ihn. Denn nur schlechter Rat vermag dir wirklich zu helfen.

9. Unter Schelmen bist du ein gern gesehener Gast. Anderswo aber hält man dich für einen Schelm.

10. Hast du die Frage noch im Schlaf gestellt? Wache auf. Denn deine Träume sind nur süße Schäume.

11. Du wirst reich an Niederlagen sein. Dafür aber musst du nicht viel tun. Diejenigen, die wirklich reich werden wollen, werden sie dir gern bereiten.

12. Solange du nicht um Geld spielst, wirst du ein Glückspilz sein. Also lasse andere für dich spielen.

13. Vergiss deinen Plan. Lasse stattdessen andere für dich planen. Sie wissen besser als du, was gut für dich ist.

14. An dieser Aufgabe magst du wachsen, doch solltest du sie nicht erfüllen, sondern sie beenden, sobald du genug Lehrgeld bezahlt hast.

15. Schnüre dein Säckchen und ziehe wohlgemut. Erreichst du dein Ziel wohlbehalten, weißt du es dir angenehm zu richten.

16. Versuche dein Glück. Doch ob dir der Wechsel Glück bringt, hängt davon ab, ob auch du dem Wechsel folgst.

17. Wolltest du nicht zu hoch hinaus, hättest du tatsächlich Chancen. Also versuche es einmal eine Etage tiefer.

18. Bei der Weihnachtsfeier darfst du dich in den Mittelpunkt stellen. Ansonsten musst du diesen Platz für andere räumen. Doch auch am Rande kann es sehr vergnüglich sein.

19. Gib mit gleicher Münze zurück. Lüge das Blaue vom Himmel herunter. Findest du Gehör, rückst du deinem Ziel näher.

20. Du täuschst dich beständig in ihr, und deshalb wirst du von ihr nicht abrücken. Schließlich wirst du so von ihr blendend unterhalten.

21. Wenn es dunkel wird, wirst du die Person verstehen. Doch sobald es hell wird, wird sie dir wieder fremd sein.

22. Pflücke dir eine Rose und betrachte die Menschen, die an dir vorübergehen. Wem willst du sie schenken? Schenkst du sie am Ende dir selbst, wirst du offen sein für eine Begegnung.

23. Freue dich. Du wirst ihr begegnen und sie kennen lernen, aber du darfst sie ebenso rasch wieder vergessen.

24. Denkst du wirklich nur an eine Person? Überlege es dir gut, ob du dich derart einschränken willst, denn sie wird ein wachsames Auge auf dich haben.

25. Sie wird sich von dir gern bezaubern lassen. Gleichwohl wirst du das fünfte Rad am Wagen bleiben.

26. Nimm sie in deinen Arm und erzähle ihr von deinen Träumen. Sie wird dir so bis in den siebten Himmel folgen.

27. Fragtest du sie, würde sie Ja sagen. Du aber hättest dann eine Kröte zum Schlucken. Also verschlucke dich nicht.

28. Solange du deine Liebe nicht von den Alltagssorgen überschatten lässt, wird dir Glück beschieden sein.

29. Fasse dich an deine eigene Nase. Anstatt nach der Treue deines Partners zu fragen, solltest du dich besser fragen, ob du ihm die Treue halten wirst.

30. Den richtigen Partner solltest du dir am besten selbst backen. Doch achte darauf, dass du keine der begehrten Zutaten vergisst.

31. Denke darüber nach, ob du dich nicht besser glücklich schätzen solltest, wenn diese Liebe keine Fortsetzung findet.

32. Die Krankheit wird länger als erwartet dauern, und die Person wird sich nur langsam erholen. Bemühe dich um gute Pflege.

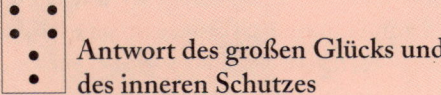 **Antwort des großen Glücks und des inneren Schutzes**

1. Dir geht es gut, und so glaubst du, dass du keine Fragen hast. Warum aber fragst du nicht, mit wem du dein Glück teilen sollst?

2. Glück lässt sich nicht ansparen! Darum freue dich über das, was dir das Glück heute beschert. So trägst du etwas davon mit dir fort und wirst es auch morgen wieder finden.

3. Hüte dich davor, dass du, statt dich über das Gute, das dir widerfährt, zu freuen, dir Sorgen über sein Ende machst.

4. Spürst du nicht schon den Wind, der rasante Veränderungen ankündigt? Hisse dein Segel; das Glück bläst dir in den Rücken und treibt dich voran.

5. Je eher du sie zu Ende bringst, desto eher wirst du vor neu-
   en und lohnenswerteren Aufgaben stehen.

6. Denke nicht mehr an die Trübsal. Blickst du frohgemut nach
   vorn, wird dich jeder neue Tag angenehm überraschen.

7. Du wirst als strahlender Sieger nach Hause zurückkehren.
   Doch vergiss nicht, deinem Feind die Ehre zu erweisen.

8. Du darfst ihm blind folgen, solange dein Ratgeber auch eigenen Nutzen aus deinem Erfolg zieht.

9. Man sieht und hört dich gern. Machst du dich ein wenig rar,
   wird man dich in den höchsten Tönen loben.

10. Solange deine Luftschlösser auf festem Boden gründen,
    darfst du sie dem Himmel entgegen bauen.

11. Bist du nicht schon reich, wo dich das Glück verwöhnt?
    Weißt du diesen Reichtum zu schätzen, wird das mögliche
    Mehr an Geld zu einer angenehmen Nebensache werden.

12. Es ist für dich eine günstige Zeit, das Glück zu versuchen,
    solange du es mit kleinen Einsätzen lockst.

13. Beginne sofort damit, nütze die Gunst der Stunde. Warte
    keinen Tag länger, und der Erfolg wird dir gewiss sein.

14. An dieser Aufgabe wirst du gemessen werden, und man wird
    von dir begeistert sein.

15. Du wirst Wurzeln schlagen und wachsen, als stündest du
    weiterhin in heimatlicher Erde.

16. Es besteht kein Grund, dies zu tun. Doch prüfst du deinen
    Preis, wirst du staunen, was du wert bist.

17. Das Angebot ist dir sicher, darum darfst du die Bedingun-
    gen entsprechend hoch ausreizen.

18. Du hast den Fuß auf die Leiter gesetzt; nun liegt es an dir,
    nach oben zu steigen. Und mit jeder Sprosse, die du er-
    klimmst, wirst du die Münzen klimpern hören.

19. Bewahre deine gute Laune. Zeige offen, dass du ein Gewin-
    ner bist. Tröste die Verlierer, und verachte die Tatenlosen.

20. Du hast dich nicht in ihr getäuscht, sie ist, wie sie ist. Also
    nimm sie auch so an und wische deine Zweifel beiseite.

21. Setze dich zu ihr, lausche ihren Träumen und folge ihren Gefühlen, und du wirst ihre Gedanken verstehen lernen und ihr zutiefst vertrauen.

22. Zieh dir dein schönstes Kleid an, setze dein bezauberndstes Lächeln auf und lasse dein Herz sprechen, denn du wirst die Wahl haben.

23. Gehe dorthin, wo du sie zuletzt gesehen hast, sie wird dich dort suchen.

24. Warum fragst du das Orakel, frage besser die Angedachte, sie wird es dir liebend gern versichern.

25. Sie wartet bereits sehnsüchtig darauf, dass du dich aus der Reserve traust. Also zeige ihr dein Begehren.

26. Blicke ihr tief in die Augen, dann auf die Nase, dann auf den Mund – und du darfst sie küssen.

27. Wenn du ihr keinen Antrag machst, wird sie dir einen machen.

28. Verstehst du es, eure Liebe jeden Morgen neu zu wecken, werdet ihr im Kreise eurer Familie alt und glücklich werden.

29. Beschatte dein Glück nicht mit unsinnigen Zweifeln. Ihr seid und bleibt ein Herz und eine Seele.

30. Ein Nimmersatt, der mit vollem Mund nach anderen Früchten schielt, schmeckt nicht, was er im Munde hat.

31. Reichst du ihr die Hand zur Versöhnung, werdet ihr einen neuen Anfang finden.

32. Sie ist bereits auf dem Weg der Besserung, und die Krankheit wird bald vergessen sein.

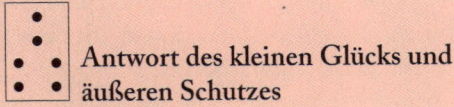

Antwort des kleinen Glücks und äußeren Schutzes

1. Frage danach, wie du den Spatz in der Hand zu schätzen lernst und die Taube auf dem Dach übersiehst.

2. Es scheint mit dir zu schmollen, dabei meint es es nur gut mit dir und will dir die Augen für die Schönheit des Alltages öffnen.

3. Davor, dass du nicht auf andere schaust und voller Neid aufzählst, was diese haben und du nicht.

4. So wie es aussieht, wirst du dein Schiff auf eine Sandbank lenken und damit recht zufrieden sein.

5. In diesem Ende liegt ein kleiner Anfang. Weißt du ihn geschickt zu nutzen, kann er zum Sprungbrett in eine aufregende Zukunft werden.

6. So schlimm ist das Schlimme nicht, das du erduldest. Hörst du auf zu klagen, kannst du dich selbst daraus befreien.

7. Fechte nicht bis zum bitteren Ende, sondern suche den Kompromiss. Auch wenn er zu deinen Ungunsten ausfällt, wird er für dich immer noch günstig sein.

8. Du kannst ihn verwerfen oder befolgen, an der Sache selbst wird das nichts ändern.

9. Eigentlich überhaupt nicht. Wenn du kommst, bist du wohlgelitten, wenn du gehst, bist du rasch vergessen.

10. Mit jedem neuen Traum wirst du ihnen neue Wirklichkeit geben. Dies ist nicht die Zeit, sie frei zu lassen.

11. Du kannst hart arbeiten und fleißig sparen und dabei das Leben an dir vorbeilaufen lassen. Diesen verlorenen Reichtum aber kannst du dir nicht zurückkaufen.

12. Ja, du darfst dich beim Spielen gut unterhalten und deinen Einsatz wieder nach Hause tragen.

13. Solange du nicht den Himmel einreißen willst, darfst du mit der Tat beginnen. Um den Erfolg sorgen sich andere.

14. Mit Gewissheit, fragt sich nur, ob du mit dem Ergebnis zufrieden sein wirst.

15. Du nimmst dich selbst mit, und das ist eine der besten Voraussetzungen für einen neuen Anfang.

16. Bleib lieber dort, wo du bist, bevor du dich anderswo wieder am Ende der Schlange einreihen musst.

17. Sofern du dich damit abfindest, dass alles anders sein wird, als du es dir ausgemalt hast.

18. Warte es ab. Es müssen dich noch einige überholen, ehe auch du auf die Überholspur lenken kannst.

19. Übe dich in innerer Gelassenheit, und du verleihst dir dadurch die Aura des kaltblütigen Machers. Fällt man jedoch darauf herein, hast du ein Problem mehr am Hals.

20. Mache dir keine weiteren Gedanken. Die Person wird ohnehin bald aus deinem Gesichtkreis entschwinden.

21. Versuche nicht die Person, sondern ihre Freunde zu verstehen; sie verraten dir, ob du ihr vertrauen darfst.

22. Blicke nicht in die Ferne, sondern schaue dich in deinem nächsten Umkreis um; dort kannst du, wenn du den Mut hast, schon heute fündig werden.

23. Du darfst sie noch einmal aus großer Ferne bewundern.

24. Sofern du an die richtige Person denkst, darfst du dir absolut sicher sein. Ihr Blick wird sie verraten.

25. Falls du ein heißes Dreiecksverhältnis aushalten kannst, darfst du deinen Hut in den Ring werfen.

26. Bring ihr eine Liebesgabe und offenbare dich, nur das wird sie beeindrucken.

27. Sie würde schon, wenn nicht euer Techtelmechtel, so wie es ist, so wunderschön bequem für sie wäre.

28. Ja, solange euch beiden das beschauliche Familienleben nicht zu langweilig wird. Und damit dies nicht geschieht, solltet ihr hin und wieder frischen Wind reinlassen.

29. Sie wird dir ebenso brav die Treue halten wie du ihr. Also sorge auch du für Aufregung am richtigen Fleck.

30. Eure Seelen haben sich gesucht und gefunden. Nur leider hört ihr zu selten auf die Stimmen eurer Herzen.

31. Sorge dich nicht, du wirst derjenige von euch beiden sein, der den Weg zurück antritt. Hoffentlich findest du ein offenes Herz.

32. Bei guter Pflege wird die Krankheit rasch überwunden sein.

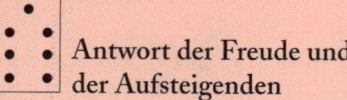

Antwort der Freude und der Aufsteigenden

1. So ganz ohne Frage, wo du dich an einem Scheideweg befindest. Warum fragst du nicht nach dem richtigen Weg, oder willst du lieber weiter im Ungewissen rasten?

2. Das Glück ist mit dem Mutigen. Wagst du also, wovor du dich so lange scheutest, erübrigt sich die Frage.

3. Hüte dich vor deinem Kleinmut und achte darauf, nicht allzu kleine Schritte zu machen, willst du dein Ziel nicht aus den Augen verlieren.

4. Das, was dir auf dieser Fahrt begegnet, steht in keinem Reiseführer. Also sperre Augen und Ohren auf, du wirst viel zu lernen haben.

5. Der lang ersehnte Friede wird einkehren, und du darfst dich in aller Ruhe deiner ursprünglichen Aufgabe zuwenden.

6. Solange du dem Elend, das dich bedrückt, nicht den Rücken kehrst, wirst du ihm nicht entfliehen können.

7. Es wird weder Sieger noch Besiegte geben, sondern miteinander Versöhnte, die gute Freunde werden.

8. Nur dann, wenn du dir wirklich sicher bist, dass du dich getreulich nach ihm richten wirst.

9. Schert dich die Antwort wirklich, wo du in Gedanken längst woanders bist? Trotzdem, du bleibst in guter Erinnerung.

10. Wo du gerade dabei bist, deinen Träumen hinterherzulaufen, müsste es dir auch gelingen, sie in die Welt zu setzen.

11. Wenn du es wirklich willst, vermagst du es zu werden. Dann aber musst du auch dein Herz unter dieses Ziel zwingen.

12. Gib das Geld für die Einsätze besser für schöne Dinge aus, und du gewinnst mehr, als du dir jetzt erhoffst.

13. Sofern deine Pläne echte Herausforderungen sind und dich in neue Sphären führen, werden sie sich für dich lohnen.

14. Erfüllst du statt dem, was andere von dir erwarten, das, was du selbst von dir erwartest, wirst du eine Chance haben. Andernfalls wirst du der Forderung entfliehen.

15. Du wirst dich nicht mehr wieder erkennen. Und das wird gut für dich sein.

16. Du spielst schon länger mit dem Gedanken. Jetzt ist die Zeit, das Spiel zu beenden und ihm Taten folgen zu lassen.

17. Sofern sie weit genug von deinem alten Platz entfernt ist, darfst du mit einer Zusage rechnen.

18. Langsam, viel zu langsam, wird dein Aufstieg sein. Und so wird er dich auch nicht weit führen.

19. Wirf dich in dein bestes Gewand und erzähle an einem anderen Ort, wie gut du bist. Man wird deine wahren Qualitäten erkennen und gern in Anspruch nehmen.

20. Du bist schwer zu täuschen. Doch wagst du es, eine klare Frage zu stellen, wird sie dir ehrlich beantwortet werden und die Ungewissheit wird vorbei sein.

21. Du würdest sie sofort verstehen, würde sie dich verstehen. Also einigt euch darauf, eine gemeinsame Sprache zu sprechen, und ihr lernt, euch zu vertrauen.

22. Nicht hier, nicht dort, sondern an einem fernen Ort.

23. Machst du dich auf die Socken, kannst du sie noch einholen. Ansonsten werden sich eure Wege nicht mehr kreuzen.

24. Frage sie, damit sie es dir selber sagen kann. Doch wirst du auch die Gegenfrage ehrlicherweise bejahen können? Wenn nein, solltest du besser schweigen.

25. Du wirst erhört werden, doch um den Schatz ganz für dich zu haben, solltest du ihn rasch entführen.

26. Mit kluger Unterhaltung, witzigem Geplauder und dem Angebot, gemeinsam zu verreisen.

27. Dies ist noch nicht die Zeit, sich zu binden. Also halte dich nicht mit diesem Gedanken an der kurzen Leine. Kommt Zeit, kommt Hochzeit!

28. Ja, aber nur, solange dir all die liebenswerten Menschen, die sich zu deiner Familie zählen werden, nicht zu viel werden.
29. Ihr werdet ein Herz und eine Seele bleiben, solange ihr euch nicht fragt, ob ihr euch auch treu wart.
30. Für diesen Augenblick, ja, und für den nächsten bestimmt.
31. Sie würde es vielleicht gern, aber sie wird dich nicht mehr finden. Und wenn, würde sie dich nicht erkennen.
32. Ja, sie wird sogar sehr rasch wieder auf den Beinen sein.

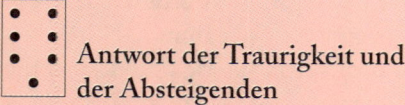

Antwort der Traurigkeit und der Absteigenden

1. Wenn du in dieser Not nicht weißt, nach was du fragen sollst, dann hast du noch nicht genug gelitten.
2. Du bist ein echter Optimist. Deshalb wirst du auch, selbst wenn es noch schlimmer kommen sollte, immer noch den Silberstreifen am Horizont sehen.
3. Achte auf die, die dir schmeicheln, denn sie sind deine wahren Feinde.
4. Auf Neuigkeiten magst du gern verzichten. Mache deine Schotten dicht, denn die Fahrt wird stürmisch werden.
5. Dann darfst du kräftig durchatmen und dir viel Zeit lassen, etwas Neues zu beginnen. Denn der Wind steht gegen dich.
6. Weichst du dem Übel nicht aus, wird es weiter gegen dich drängen. Doch weichst du ihm aus, wirst du dich noch lange vor ihm zu fürchten haben.
7. Ein Wort ergibt das andere. Ein Schlag zieht den nächsten nach sich. Ein Ende ist nicht abzusehen.
8. Du hast die Wahl zwischen Hunger und Durst. Folgst du dem Rat, bringt er dir nichts; doch er bringt dich auf andere Gedanken.

9. Man hält dich für einen Tropf, dem man das Fell leicht über die Ohren ziehen kann.

10. Besser, du wünschst dir traumlose Nächte. Denn aus der Not geborene Träume riechen in der Wirklichkeit nach Pech.

11. Derzeit solltest du besser darüber nachdenken, wie du nicht arm wirst. Diese Erfahrung aber wird dich bereichern.

12. Du wirst derjenige sein, mit dessen Geld sich die Gewinner die Taschen füllen.

13. Lässt du ihn ebenso wie deine Rachepläne in der Schublade liegen, wird das der eigentliche Erfolg sein.

14. Willst du eine gute Note erzielen, solltest du dich ins Bett legen und dich erst zur nächsten Prüfung anmelden.

15. Du wirst deinen Feinden entkommen, dafür aber neue und härtere Feinde finden.

16. Je eher du dich nach einer neuen Beschäftigung umsiehst, desto erträglicher wird die Niederlage sein.

17. Mache dich klein, damit man dich übersieht, und danke Gott, wenn dieser Kelch an dir vorübergegangen ist.

18. Wann wachst du endlich aus deinen Träumen auf? Du hast längst Karriere gemacht, mehr wird nicht kommen.

19. Indem du dir eine Auszeit gönnst und dabei zu dir selbst findest. Danach wirst du andere Fragen stellen.

20. Du hast dich nicht getäuscht, sondern wirst schrecklich betrogen. Da du dies jedoch nicht wahr haben willst, wirst du noch eine Zeit lang in ihren Fängen zappeln.

21. Lässt du dich nicht weiter auf das dumme Spiel, das da heißt »Du verstehst mich nicht«, ein, wirst du sie sofort verstehen und dir selber nicht mehr trauen.

22. Drehe dich um, sie ist längst an dir vorbeigelaufen.

23. Du wirst sie noch einmal sehen, um schrecklich zu leiden. Kennen lernen magst du sie danach nicht mehr.

24. Ach, würdest du nur ihr Geld so lieben wie sie deins, dann wärt ihr beide gar herzlich ineinander verliebt.

25. Du darfst sie erobern, denn sie sucht einen Narren, mit dem sie den anderen Narren aus der Reserve locken kann.

26. Jedenfalls nicht, wenn du sie mit Leichenbittermiene ansprichst. Warte deshalb besser auf sonnigere Tage.

27. Sofern du die Scheidung ebenso zu zelebrieren weißt wie die Hochzeit, darfst du dein Jawort geben.

28. Schau dir deine Familie und die Familie an, in die du einheiraten möchtest, und du wirst erkennen, dass du zwei feindliche Heere gegeneinander führen wirst.

29. Ob sie dir untreu wird, mag bei all dem Gram, den sie dir bereitet, am Ende keine Rolle mehr spielen.

30. Solange du der Schwächere bleiben willst, findest du in ihr den richtigen Unterdrücker.

31. Nun rutschst du ihr schon auf Knien hinterher, und sie dreht sich nicht einmal um. Warum also diese Frage?

32. Die Krankheit wird sie noch länger ans Bett fesseln. Sorge dich um gute Ärzte.

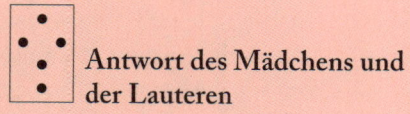

Antwort des Mädchens und der Lauteren

1. Du findest dich zwischen zwei Welten wieder und weißt nicht, wohin du deine Schritte lenken sollst. Also frage das Orakel, welche der beiden Welten die deine sein wird.

2. Es hat für dich einen hübschen Faden gesponnen. Doch will es, dass du ihn selbst in die Hand nimmst.

3. Vor den Versuchungen, die man dir anträgt. Ignoriere sie, selbst wenn man dir goldene Berge verspricht. Denn der Preis, den du dafür zu bezahlen hast, ist weit mehr.

4. Du bist dabei, dein Schiff in die offene See zu lenken. Tu es, sofern du eine starke Mannschaft an Bord hast.

5. Du wirst sie rasch vergessen und die Bindungen lösen, denn nach diesem Gesellenstück kommt dein Meisterstück.

6. Das Arge, das dich zu bedrücken scheint, ist sich selbst eine Qual. Es ist nicht deins, also beachte es nicht weiter.

7. Bietest du deine Hand zur Versöhnung, wirst du als der wahre Sieger angesehen werden.

8. Er wäre dir vielleicht nützlich. Doch da man dir so viel zu raten hat, solltest du von allem etwas nehmen und deine eigenen Pläne schmieden. Sie sind die tauglicheren.

9. Man glaubt, dich nach dem eigenen Bild formen zu können. Lässt du ihnen die Illusion, bleibst du beliebt.

10. Ein Traum soll dir erfüllt werden. Darum wähle klug, welchem deiner Träume du folgen willst.

11. Suche dir eine reiche Frau oder einen reichen Mann, die dir aus der Hand fressen, dann hast du dieses Problem gelöst.

12. Für den Hauptgewinn wird es nicht reichen. Doch ein kleines Extra mag dir in die Hand fallen.

13. Indem du fragst, bist du bereits dabei, ihn durchzusetzen. Für ein gutes Ende brauchst du aber auch gute Freunde, die an dich glauben.

14. Man wird dir den Lohn dafür schon im Voraus entrichten, denn du wirst niemanden enttäuschen.

15. Du wirst krank vor Heimweh werden. Doch sobald du zurückkehrst, wirst du bittere Tränen weinen, denn du wirst eine Heimat verlieren.

16. Du wirst es etwas öfter tun, als du glaubst, und darfst dich Schritt für Schritt dabei verbessern.

17. Ja, aber du wirst sie nicht behalten wollen.

18. Man wird dir goldene Eier versprechen, doch legen musst du sie dir selbst.

19. Spiele mit deinem Liebreiz, doch verschwende ihn nicht zu sehr, und man wird dich in den siebten Himmel loben.

20. Du hast dich nicht getäuscht. Falls du etwas Besseres zur Linken hast, darfst du ihr die kalte Schulter zeigen.

21. Da weder du noch sie sich selber kennen, dürft ihr euch gemeinsam entdecken. Danach wirst du weiser sein.

22. Solange du suchst, läufst du an ihr vorbei. Also suche sie weder im dir bekannten Kreis noch in der Ferne.

23. Du wirst sie alsbald sehen, dir die Augen reiben und dich fragen, was an ihr dich so begeistert. Fragst du sie selbst, wirst du eine Überraschung erleben.

24. Heiß und innig. Hast du das immer noch nicht gemerkt?

25. Nun, da sie schon gebunden ist, kannst nur du der neue Bund sein. Dafür aber musst du auf Teufel komm raus werben.

26. Indem du sie zum Tanz aufforderst, zum Essen einlädst, ins Kino begleitest und dich von neckischen Körben nicht schrecken lässt.

27. Welche Frage, wo sie dir durch die Blume einen Antrag nach dem anderen macht. Nur, wer noch kneift, bist du.

28. Ihr werdet das Traumpaar sein, auf das alle anderen neidisch verweisen werden.

29. Da sie jetzt schon all deinen Sprüngen und Launen folgt, wird sie dich später noch leichter ertragen.

30. Nur wenn sie das Leben ebenso liebt wie du und lieber hungert und dürstet, als schlechte Speis und Trank zu sich zu nehmen.

31. Ihr werdet euch auf halbem Weg entgegenkommen, um gemeinsam ein laues Süppchen zu löffeln und dabei zuzusehen, wie das Feuer im Herd erlischt.

32. Sei unbesorgt, sie schmiedet schon wieder große Pläne.

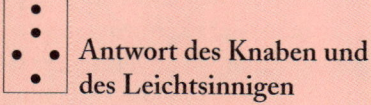

Antwort des Knaben und des Leichtsinnigen

1. Mitten im Sturm meinst du, gibt es keine Fragen. Aber vielleicht fragst du zwischen zwei Böen doch, ob du den Wind bezwingst oder ob er dich fortblasen wird.

2. Wenn du kämpfen kannst, um den Weg weißt und ein Ziel hast, wirst du dein Schicksal selbst zum Guten wenden.

3. Hüte dich sowohl davor, über die Stränge zu schlagen, als auch davor, die Flinte zu früh ins Korn zu werfen.

4. Da du beständig den Kurs änderst, wird überraschend neu sein, dass du unerwartet den eingeschlagenen Kurs hältst.

5. Du wirst das Geschaffene einreißen und noch viel herrlicher von Grund auf neu errichten.

6. Das Schlimme sind die eigenen Grenzen, gegen die du anrennst. Dieser Zug wird dir bleiben, doch du wirst mit ihm zu leben lernen.

7. Dieser Streit wird nicht der letzte sein. Du wirst ein kampferprobter Haudegen werden. Ob das für dich von Vorteil ist, steht allerdings auf einem anderen Blatt.

8. Es wird nicht der erste Rat sein, den du in den Wind schlägst. Aber da du danach fragtest, ist es ein Zeichen, dass du beginnst dazuzulernen.

9. Die einen bewundern dich, die anderen fürchten dich und die nächsten hassen dich.

10. Indem du, wann immer du kannst, ein Stück von ihnen in den Tag trägst, wirst du dir einige Träume erfüllen.

11. Du hast die Fortune. Nur brauchst du dazu auch die richtige Idee zur rechten Zeit und den richtigen Partner.

12. Nur wenn du kein Spieler bist, darfst du ein Spielchen wagen und einen hübschen Gewinn einstreichen.

13. Das ist kein Plan, das ist eine Kriegserklärung, die du vorhast. Also schaue in deine Zeugkammer, ob du auch ausreichend gerüstet bist, um bis ans Ende zu streiten.

14. Zweifelsohne besitzt du das Format dazu. Doch ob es zu einem guten Ende kommt, hängt von deiner Tagesverfassung ab.

15. Du wirst nur gehen, wenn du dir sicher bist, dass es sich lohnt. Doch wirst du dabei einige vor den Kopf stoßen.

16. Sofern du die Karten nicht überreizt, darfst du es dir aussuchen, ob du gehst oder bleibst.

17. Falls du weiter so drängelst, wirst du dich noch um deine Chancen bringen. Sei etwas weniger draufgängerisch.

18. Bei dem Tempo, das du vorlegst, wird man dich nicht übersehen, dafür aber mit einem dicken Brocken Arbeit verwöhnen.

19. Behalte die Mittel bei, die du dir zurechtgelegt hast. Sie passen zu dir und zeichnen dich aus.

20. Falls du weiterhin so mit deinen Mitmenschen umspringst, solltest du dich besser einmal von dir selbst abwenden.

21. Sofern du dir die Zeit nimmst, die du nicht zu haben glaubst, könntest du sie durchaus besser kennen lernen.

22. Dein Herz ist so groß, dass darin viele Lieben Platz finden. Wie groß aber muss dann die eine wahre Liebe sein?

23. Du wirst nichts unversucht lassen, sie zu finden. Zum Kennenlernen aber muss sie auf dich zugehen.

24. Nicht nur von dieser, also überlege noch einmal, nach wem du fragst.

25. Du magst sie erobern, aber halten wirst du sie nicht.

26. Das, was du unter Eroberung verstehst, ist für die andere Seite eine Belagerung. Also übe dich in Schüchternheit.

27. Wünsche es dir nicht, denn noch ist die Ehe für dich ein Joch anstatt Erfüllung.

28. Hast du erst einmal Ja gesagt, wirst du dich derart an Haus und Familienleben gewöhnen, dass dich deine alten Freunde nicht mehr wieder erkennen werden.

29. Frage nicht nach Garantiescheinen. Um diese Liebe musst du jeden Tag aufs Neue werben.

30. Da du eine solche Frage stellst, gibt es keinen Zweifel daran, dass dich die Richtige am Wickel hat.

31. Besser nicht, denn dein verletzter Stolz wird sie erneut vertreiben.

32. Noch ist sie nicht über den Berg. Deshalb solltest du mit Rückschlägen rechnen. Schenke ihr deinen Zuspruch.

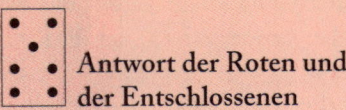 **Antwort der Roten und der Entschlossenen**

1. Spürst du nicht den Widerstand, gegen den du anrennst? Wenn doch, so frage das Orakel, ob du ihn brechen kannst.

2. Es sind harte Zeiten, durch die du dich bewegst. Lässt du dir den Schneid nicht abkaufen, bleibst du obenauf.

3. Gehe nicht auf jeden angetragenen Streit ein, sonst bleibt dir nicht die Zeit zu festigen, was gerade fortgerissen wird.

4. Du wirst dich wundern, wie viele Füße dir in den Weg gehalten werden, damit du darüber stolperst. Also hebe die Beine und achte darauf, wohin du trittst.

5. Man wird sich von dir abwenden und sich anderem zuwenden. Du aber darfst dir neue Freunde suchen.

6. Vergessen wirst du es nicht, denn dies ist trotz aller Not eine unbezahlbare Lehrzeit, und sie wird so lange währen, wie eine Lehrzeit währt.

7. Nur dann, wenn du über dich hinauswächst und mit fürchterlicher Gewalt dreinschlägst, magst du gewinnen. Verlierst du aber, wird dich das teuer zu stehen kommen.

8. Prüfe dich gut, ob du die Kraft hast, ihm zu folgen. Hegst du Zweifel, solltest du ihn verwerfen und dich mit der gegebenen Situation abfinden.

9. Recht wenig denkt man über dich. Dafür überlegt man angestrengt, wie man dich am besten übers Ohr hauen kann.

10. Brechen die Dämme, ist es nicht an der Zeit, über trockene Füße zu plaudern.

11. Halte besser deine Börse zu, denn einige Halunken haben sich gerade vorgenommen, selber reich zu werden.

12. Wenn es dir heute gelingt, das Morgen einzuholen, wirst du morgen mit Sicherheit gewinnen.

13. Besser du wartest, bis sich die Wogen geglättet haben.

14. Du wirst straucheln. Ob du dann fällst oder nicht, liegt daran, ob du jemanden zur Seite hast, der dir schnell unter die Arme greifen kann.

15. Nichts wird besser werden, aber vieles schlechter.

16. Du wirst nicht umhin können. Es mag aber nur dann eine Chance sein, wenn du keine Kompromisse schließt.

17. Hoffe nicht darauf. Man hält dir nur wie einem Esel die Rübe an der Angel vor die Nase, damit du fleißig trabst.

18. Sofern du die bösen Zungen aus den Lästermäulern schneiden kannst, darfst du die Frage für dich bejahen.

19. Stürme in die Chefetage und mache Rabatz. Entweder wirft man dich hinaus oder man wird dich befördern.

20. Du hast dich so gründlich in ihr getäuscht, dass du dich schleunigst auf dem Absatz umdrehen solltest.

21. Gib dir keine Mühe, sie zu verstehen, denn sie versteht sich selbst nicht mehr. Also traue ihr nicht über den Weg.

22. Du wirst eine große Schlacht schlagen und verlieren, und es wird ein Engel kommen, der dich tröstet. Blickst du ihm in die Augen, wirst du dich unsterblich in ihn verlieben.

23. Hoffe nicht darauf, sie noch einmal zu sehen, denn sie würde dich nur schmerzlich enttäuschen.

24. Für den Augenblick gewiss. Nur leider muss man sich für den Augenblick auch in die Augen schauen können.

25. Du wirst nichts unversucht lassen und dennoch scheitern. Danach wirst du dich über beide Ohren schämen.

26. Gar nicht. Entweder gewährt sie dir die Gunst oder sie zeigt dir die kalte Schulter.

27. Denke besser daran, ob es ihr ihre Familie erlauben wird und ob sie den Mut hat, sich über deren Einrede hinwegzusetzen.

28. Für eine überschaubare Zeit durchaus. Danach darfst du dir überlegen, ob du noch einen zweiten Versuch wagen solltest.

29. Das Eis ist längst gebrochen. Und ihr driftet, ein jeder auf seiner Scholle, immer weiter auseinander.

30. Diese Frage in dieser Zeit gestellt, zeigt, dass du ahnst, was du nicht wahrhaben willst.
31. Sie wird kommen, aber nicht, um sich mit dir zu versöhnen, sondern um sich zu rächen. Sei gewappnet, ihre Schläge werden heimtückisch und schmerzhaft sein.
32. Sie wird länger daniederliegen als gedacht. Rechne mit Komplikationen.

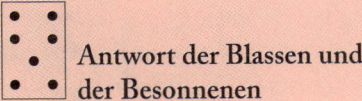 **Antwort der Blassen und der Besonnenen**

1. Frage dich, ob das Gute, das dir widerfährt, dir gut genug ist. Wenn nicht, weißt du, welche Frage du an das Orakel richten darfst.
2. Solange du willig bist, die Gunst der Stunde zu nutzen, vermagst du sie beliebig zu verlängern.
3. Verleugne dich nicht. Aber übe diese Ehrlichkeit nur gegen dich und trage sie nicht auf der Zunge.
4. Veränderungen wirst du nur erleben, sofern du es wagst, Veränderungen zu denken.
5. Man wird dich loben und um Fortsetzung bitten. Gehst du darauf ein, wirst du dich für lange Zeit festlegen.
6. Schlimm ist nicht, was du im Äußeren erkennst, sondern was du in dir nicht erkennst. Ein Lichtblick ist nur möglich, wenn du dich erschüttern lässt.
7. Solange du stark bleibst, wirst du den Streit gewinnen und umfassende Genugtuung wird dir gewährt werden.
8. Warum nicht? Schließlich wird dir nur geraten, was du im Grunde deines Herzens selbst wünschst, dass es geschieht.
9. Man sieht dich gern, aber denkt nicht viel über dich nach. Vielleicht solltest du dich besser in Szene setzen.

10. So weit sind deine Träume nicht von der Wirklichkeit entfernt, als dass du sie nicht umsetzen könntest.

11. Nicht jeder kann reich sein, aber du kannst zufrieden sein, und das ist mehr als mancher Reiche sein Eigen nennt.

12. Solange du nicht nach dem Hauptgewinn schielst, darfst du ruhig einen Einsatz wagen.

13. Du könntest es tun und hättest womöglich gar Erfolg damit, aber wenn du dich kennst, weißt du, dass dies nicht der Plan ist, für den du dich krummlegen würdest.

14. Du wirst nicht gut und wirst nicht schlecht sein, und das reicht aus, dass du unzufrieden mit dir sein wirst.

15. Du wirst dich einrichten, neue Freunde gewinnen und nur wenig Sehnsucht danach haben, an den alten Ort zurückzukehren.

16. Wo du es dir so schön eingerichtet hast, müsste man dir schon mehr als die Nase vergolden, um dich fortzulocken.

17. Solange es sich um ein Pöstchen ehrenhalber handelt, wird sie dir keiner streitig machen wollen. Ob mehr daraus wird, darfst du entscheiden, sobald du die Position besetzt hast.

18. Die Zeichen stehen gut für dich. Besser ist es jedoch, du bringst dich nachdrücklich in Erinnerung, damit man dich aus lauter Gewohnheit nicht übersieht.

19. Mache eine Pause und lasse dir etwas Neues einfallen. Denn deine Einfälle sind es, die man an dir schätzt.

20. Irren ist menschlich, darum gehe nicht zu hart mit dir ins Gericht. Wende dich also nicht von ihr ab, sondern wende dich ihr zu.

21. Lasse dir nicht einreden, dass du jeden verstehen musst und ihn dazu noch lieben und ihm vertrauen sollst.

22. Dort, wo Trubel und Heiterkeit herrschen. Nur magst du daran so viel Gefallen finden, dass die wahre Liebe unbemerkt an dir vorbeihuscht.

23. Rechne damit, denn sie hat dir etwas zu sagen.

24. Du bist ihr nicht unsympathisch, und da die Liebe durch den Magen geht, solltest du sie bekochen. Danach weißt du mehr.

25. Hand aufs Herz, erobern möchtest du sie ganz gern. Aber noch lieber wäre es dir, wenn du dir sicher sein könntest, dass sie dir danach jemand anderes abnimmt.

26. Stachele ihre Eifersucht an, und sie wird dich rasend vor Liebesschmerz verfolgen.

27. Gut prüfe, was sich ewig bindet. Also lasse dich auf einen Härtetest unter wirklichkeitsnahen Bedingungen ein. Womöglich wird daraus ein Dauertest.

28. Solange du sie nicht auf dem Präsentierteller führen willst, werdet ihr genügend Zeit haben, euch zu einem glücklichen Paar zusammenzuraufen.

29. Wenn die Beziehung auseinander geht, wird sie nicht so lange gehalten haben, dass dir die Person noch untreu werden konnte.

30. Hast du ihr wirklich schon so tief in die Augen geblickt, dass du diese Frage stellen kannst?

31. Da gibt es andere, die sie daran hindern, und gegen die bist du leider ein zu schwaches Licht.

32. Sie wird nur mit großer Mühe wieder auf die Füße kommen.

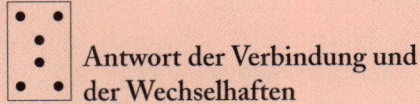

Antwort der Verbindung und der Wechselhaften

1. Dies ist die Zeit, mit Hand anzulegen. Also frage nicht danach, was du erreichen kannst, sondern frage, was du gemeinsam mit anderen erreichen wirst.

2. Es wird nicht gerade sein Füllhorn über dir ausschütten, doch es wird dich auch nicht im Regen stehen lassen.

3. Erzwinge nichts und breche auch nichts übers Knie. Dem Schmiegsamen schlägt die Gunst der Stunde.

4. Wenn du bereit bist zu teilen, darfst du dich in unbekannte Gefilde begeben und von Menschen lernen, die dir ansonsten nicht begegnen würden.

5. Du wirst viel Zeit zum Nachdenken haben, um die Erfahrungen der jüngsten Zeit zu ordnen und zu bewerten.

6. Sofern du dich weiter vor der Welt verschließt, wird dich das Üble noch mehr einschließen. Also sprenge deine Kapsel und erinnere dich deiner Freunde.

7. Verzichte auf den letzten Hieb und du wirst gewinnen; zudem wird man darob deine Weitsicht lange rühmen.

8. Schlägst du diesen Rat in den Wind, darfst du zusehen, wie all deine Absichten mit ihm fortgeblasen werden.

9. Man weiß dich nicht so recht zu nehmen. Vielleicht legst du einmal deine Maske ab, damit man in dir auch einen von seinesgleichen erkennt.

10. Sofern du mit vielen darüber sprichst, hast du eine Chance, deinen Traum bei Tag zu sehen.

11. Deine Börse wird sich nicht füllen, aber auch nicht leeren, doch wenn du in der rechten Weise über dich hinausgehst, darfst du dich reich und glücklich schätzen.

12. Du wirst lediglich deine Einsätze wieder zurückerhalten; darum spare dir die Mühe und widme dich anderen Spielen.

13. Sofern du auf den Erfolg schielst, darfst du deinen Plan vergessen. Doch wenn es dir um die Sache geht, dann solltest du besser heute als morgen damit beginnen.

14. Geht es darum, dein Wissen zu präsentieren, wirst du unter den Ersten sein. Geht es ums Tun, findest du dich »unter ferner liefen« wieder.

15. Nur dann, wenn du um eines größeren Nutzens willen wegziehst, wirst du andernorts auch Nutzen für dich erkennen.

16. Sofern man dich in ein größeres Team ruft, könnte es sein, dass du dich aus dem jetzigen Kreis verabschiedest.

17. Du darfst sie antreten, aber du wirst mit ihr nicht zufrieden sein.
18. Du wirst schneller aufsteigen als dein Gehalt.
19. Dein Wissen ist dein Kapital. Doch biete es nicht allein an, sondern lasse andere für dich sprechen.
20. Triff sie auf neutralem Boden und lasse sie dort von sich erzählen. Danach weißt du, ob es besser für euch ist, getrennte Wege zu gehen.
21. Frage deine Freunde; sie kennen sie besser, als sie sich selbst, und sie können dir viel von ihr erzählen.
22. Gewiss nicht dort, wo du bislang nach ihr suchtest. Begibst du dich aber in andere Gesellschaft, wirst du alsbald in Feuer und Flamme stehen.
23. Sofern du jemanden kennst, der jemanden kennt, der sie kennt, darfst du fest damit rechnen.
24. Nicht heiß und innig. Aber was noch nicht ist, das mag bei Kerzenschein durchaus noch werden.
25. Du wirst sie nicht dort umgarnen können, wo du sie siehst, und auch nicht beeindrucken, wenn du sie von ferne anschmachtest.
26. Locke sie aus dem Trubel und suche mit ihr die Zweisamkeit. Dann aber lege dein Herz auf deine Zunge.
27. Nicht nur mit dir, vielmehr wird sie auch deine Familie heiraten. Ein Einverständnis, bei dem du dich wahrscheinlich zu kurz gekommen fühlen wirst.
28. Sofern du die ungeschriebenen Gesetze einer Großfamilie verstehst, wird es dir an nichts fehlen.
29. Sie wird nicht von deiner Seite weichen, ist sie doch ebenso eifersüchtig wie du.
30. Erzähle ihr von deinen unangenehmen Eigenschaften und Heimlichkeiten. Küsst sie dich darauf, hast du deinen Schatz gefunden.
31. Hast du noch immer nicht verstanden, dass sie in Wahrheit gar nicht von dir gegangen ist?
32. Ja, aber sie wird noch viel Ruhe brauchen.

1. Zögere nicht, deine Frage zu stellen. Frage also das Orakel, wie du deine Welt gegen ein bessere tauschen kannst.

2. Es hält es mit dir wie Pfarrer Kneipp: Auf den warmen Guss folgen die kalte Dusche und danach die heißen Wickel.

3. Verbeiße dich nicht in Problemen, die entweder gar nicht da sind oder sich so gut wie von allein lösen.

4. Die Gefahr ist groß, dass du in eine Flaute segelst und für lange Zeit auf der Stelle dümpelst.

5. Hoffe nicht zu früh, diese Angelegenheit zu einem Abschluss zu bringen; sie wird dich noch weit über ihre Fertigstellung hinaus an sich binden.

6. Solange du es nicht vergisst, wird es dich drücken. Und da es dich drückt, magst du es nicht vergessen. Also ziehe dich selbst an den Haaren aus dem Sumpf.

7. Hast du der Hydra einen Kopf abgeschlagen, werden ihr zwei neue nachwachsen. Wohl dem, der einen Herkules schickt.

8. Ist er privater Natur, darfst du ihm folgen. Ist er sachlicher Natur, darfst du ihn überhören.

9. Kommt ganz darauf an, durch welche Brille du betrachtet wirst. Im Alltag hast du wenig Freunde, doch zur Nacht wirst du immer beliebter.

10. Sei froh, wenn dir solches erspart bleibt, denn du würdest dich sonst in ihnen unlösbar verwirren und verstricken.

11. Alles, was du dafür tun kannst, wirst du unterlassen, also mache dir über etwas anderes Gedanken.

12. Nein, aber du darfst gern noch den letzten Rest, der dir geblieben ist, verspielen.

13. Warum die Frage, wo du längst dazu entschlossen bist. Also tue, was du nicht lassen kannst, und renne mit deinem Kopf dicke Wände ein.

14. Solange du sie allein gegen die anderen durchführst, wird sie dir gelingen.

15. Das, was du am alten Ort zurückgelassen hast, wird dich schneller einholen, als du denkst.

16. Kaum. Dafür wirst du dich dort, wo du sitzt, noch weiter einigeln.

17. Du wirst nichts unversucht lassen, sie zu erreichen.

18. Sofern du bereit bist, über Leichen zu gehen, wird dir nichts weiter in den Weg gelegt werden.

19. Sei ein einsamer Wolf. Wittere die ausgelegten Fallen und meide die Ansammlung von Menschen.

20. Bei der Vielzahl von Feinden, die du hast, wird es dir nicht darauf ankommen, auch einen Freund durch dein Misstrauen zu verlieren.

21. Schenkst du ihr dein Vertrauen, wirst du ihr fortan misstrauen. Wie also willst du sie jemals verstehen?

22. Du wirst dich vergaffen und das Liebe nennen, und das so lange wiederholen, bis du lernst, dich selbst zu lieben.

23. Nur wenn du von ihr wirklich so begeistert bist, wie du glaubst, hast du eine Chance, sie zu finden.

24. Sie mag es dir zuflüstern, doch sie tut dies nur, weil sie meint, dass es sich so schickt. Und du magst es glauben.

25. Sie wird dich gern erhören, aber deswegen wird sie das Band nicht lösen, das sie bindet.

26. Sie liebt die Heimlichkeit, also lehne des Nachts eine Leiter an ihr Fenster und steige leise zu ihr empor.

27. Sofern du einen Ehevertrag aufsetzt, der ihr lohnenswert erscheint, wird sie das Geschäft nicht ausschlagen.

28. Deine Ehe wird nicht im siebten Himmel geschlossen werden, aber deine Familie wird dir dafür große Freude bereiten.

29. Bei deinem Talent, dich immer in die oder den Falschen zu verlieben, musst du nicht nach einem Haltbarkeitsdatum fragen.

30. Solange die Liebe heiß ist, hast du auch den richtigen Schatz. Doch wird sich für dich diese Frage erübrigen, sobald das Feuer am Auskühlen ist.

31. Wenn sie kommt, dann nicht mehr, um auf dich reinzufallen, sondern als ein guter und ehrlicher Kumpel.

32. Sei gut zu ihr, denn die Krankheit wird noch ärger werden.

Antwort des Eingangs und der Vorsichtigen

1. Frage das Orakel, ob es jetzt nicht besser an der Zeit wäre, auf den Tisch zu schlagen, alle Einreden beiseite zu wischen und seine Meinung zu diktieren.

2. Es will den Strebsamen belohnen. Also glaube an die Gunst der Stunde, und du wirst erleben, wie dir das Glück folgt.

3. Hüte dich vor Halbheiten. Lasse darum besser die Finger von Dingen, die du nicht mit ganzem Herzen vertrittst.

4. Neues wird kaum auf dich zukommen. Dafür aber magst du bei entsprechendem Schwung derjenige sein, der anderen neues Wasser unter den Kiel schwemmt.

5. Der Lohn, den du erhältst, spornt dich zu neuen Taten an. Achte darauf, dass sie sich von den alten unterscheiden.

6. Überwinde deine Scheu vor möglichen schlimmeren Folgen. Denn solange du dich nicht dagegen auflehnst, wirst du dem Übel, das dich bedrückt, weiterhin Tribut zollen müssen.

7. Du darfst dir deines Sieges nur dann gewiss sein, wenn deine Feinde auch ihre Knie vor dir gebeugt haben.

8. Nimm ihn als Ansporn dafür, dass du mehr erreichen kannst, doch betrachte ihn nicht als Handlungsanleitung.

9. Du zählst zu jenen, die man gern um Rat fragt, sobald man nicht mehr weiter weiß.

10. Solange du sie als Miniaturen in die Welt setzt, wirst du dir deine Freude an ihnen bewahren.

11. Sofern du deine Kraft dosierst und dich nicht im Beliebigen verlierst, magst du durchaus jenen Punkt entdecken, von dem aus sich die Tresortüre aushebeln lässt.

12. Hoffe lieber auf Gewinne durch Leistung.

13. Solange du die Widerstände richtig einschätzt und ihnen rechtzeitig die Kraft nimmst, wirst du dein Ziel auf der vorgedachten Route erreichen.

14. Habe keine Scheu davor, etwas nicht zu wissen. Schließlich weißt du genug, um bei entsprechender Disziplin über das selbst gesetzte Ziel hinauszuschießen.

15. Du wirst erst dann zufrieden sein, wenn du wohlbeladen die Rückreise antreten kannst.

16. Du wirst noch viele kommen und gehen sehen, ehe auch du zu den Gesehenen zählst.

17. Hoffentlich denkst du dabei nicht nur an die Arbeit, denn es gibt noch viele andere Positionen, die deiner harren und nur von dir allein besetzt werden wollen.

18. Man betrachtet dich mit Wohlwollen und plant für dich auf lange Zeit voraus. Es sind lohnenswerte Pläne.

19. Indem du dich nicht mit zu viel Arbeit selber ausbremst. Sei kein Esel, der unter seiner Last ächzt, sondern wirke entspannt und dynamisch.

20. Eher ist es andersherum. Man hat sich in dir getäuscht und muss sein Urteil revidieren. Die Halsabschneider werden dir darauf den Rücken kehren.

21. Nur wenn du bereit bist, ihr zu trauen, vermagst du sie auch zu verstehen.

22. Sobald du es wagst, dich ganz ohne Vorbehalte zu zeigen.

23. Ja, sofern du lange genug den gleichen Ort zur gleichen Zeit aufsuchst und nicht zögerst, sie anzusprechen.

24. Sprich zu ihr die drei Worte, damit sie dir endlich sagen kann, was ihr auf den Lippen brennt.
25. Sie hätte sich längst binden können, doch noch wartet sie auf ein Zeichen von dir. Aber lange wird sie nicht mehr warten.
26. Indem du ihr deine Hilfe anbietest und dabei frei von der Leber weg über Gott und die Welt plauderst.
27. Du darfst dir bereits Gedanken machen, wen du zur Hochzeit einladen willst.
28. Sofern du bereit bist, an den schlechten Beispielen zu lernen, wirst du dein Glück kaum fassen können.
29. Welch törichte Frage. Siehst du nicht, dass ihr füreinander bestimmt seid? Also wische die Schatten endlich beiseite.
30. Frage nicht nach dem Morgen, sondern genieße das Heute. Nur aus vielen Heute wächst ein überschaubares Glück.
31. Denke über die Liebesgabe nach, die du ihr zur Rückkehr überreichen willst. Denn es wird nur eine kurze Reise sein, die sie von dir fortführt.
32. Mache dir keine Sorgen, sie ist bereits auf dem Weg der Besserung.

Antwort des Ausgangs und der Hinterlistigen

1. In düsteren Zeiten mag sich dein Blick in die sonnige Ferne richten. Doch solltest du ihn nicht zur Frage machen, sondern danach fragen, wie tief du noch steigen sollst.
2. Gutes wie Schlechtes hat seine Zeit und sein Ende. Dies ist die Zeit des Schlechten und noch nicht sein Ende.
3. Stelle dich nicht weiter gegen Beschlossenes. Es sind genügend Widersacher um dich, auf die du achten solltest.
4. Solange du diesen Kelch nicht bis zum Grund geleert hast, solltest du ihn nicht dem Schenk reichen. Er würde dir darin keinen neuen Wein kredenzen.

5. Es genügt nicht, das Unkraut zu schneiden. Du musst es schon mit Stumpf und Stiel ausreißen. Nur wenn du das getan hast, darfst du von einem Ende sprechen.

6. Bist du stark genug, es augenblicklich bis zur Wurzel auszubrennen, darfst du es alsbald vergessen. Andernfalls wirst du lange nach den Wurzeln graben, bis du Ruhe findest.

7. Mit großer Mühe erreichst du einen faulen Kompromiss.

8. Wirklich guter Rat ist bekanntlich teuer. Und du darfst dementsprechend viel dafür bezahlen.

9. Freue dich über die Entlastung. Man hält dich für einen Verlierer und traut dir dementsprechend wenig zu.

10. Ein seltsamer Wunsch, seinen Albträumen Wirklichkeit zu schenken. Die Drachen, die du wecken würdest, würden nicht nur deine Gegner, sondern auch dich verschlingen.

11. Zählst du das, was du verschleudert hast und was dir abgeluchst wurde, hinzu, so hast du längst genügend.

12. Stelle die Frage noch einmal zu einer Zeit, in der dir das Glück freundlicher gesonnen ist.

13. Je weniger du beginnst, deinen Plan auszuführen, umso geringer werden deine Verluste sein.

14. Sorge dich nicht darum, man wird dir die Aufgabe aus den Händen nehmen und dich die Prüfung wiederholen lassen.

15. Die Trübsal würde dich begleiten und dir nicht von der Seite weichen. Also bleibe, wo du bist.

16. Wenn es geschieht, dann nicht aus freien Stücken und nicht, um dich zu verbessern.

17. Hoffe nicht weiter darauf, man wollte dich nur zum Narren halten, damit du einen Fehler begehst.

18. Rechne eher mit dem Gegenteil. Doch bedenke: Manchmal kann ein Schritt zurück auch ein Schritt vorwärts sein.

19. Suche dir ein warmes Plätzchen, an dem sich gut überwintern lässt. Danach darfst du wieder in den Ring steigen.

20. Zählst du zwei und zwei zusammen, weißt du, dass du auf sie reingefallen bist. Gönne ihr aber nicht den Triumph, dies offen einzugestehen.

21. Es wird dir wenig nützen, wenn du die Schmach auch noch verstehst. Das Vertrauen ist gebrochen.

22. Annonciere »Trauerkloß sucht Trauerkloß«, und wenn du Glück hast, darfst du zu zweit über das Unglück lachen.

23. Versuche es nicht, du würdest nur einem Feind begegnen.

24. Solange bei dir noch etwas zu holen ist, darfst du ihrer Zuneigung gewiss sein.

25. Vergeude deine Zeit nicht mit sinnlosen Techtelmechteln. Wirf ihr eine Kusshand zu und lasse sie ziehen.

26. Indem du dich zurückziehst und dich erobern lässt. Gelingt es ihr, wird auch dein Charme wieder Blüten treiben.

27. Danke Gott, wenn du dich dieser Verpflichtung entziehen kannst, denn mehr würde es für euch beide nicht sein.

28. Mit einem zänkischen Partner, ungezogenen Kindern und einer garstigen Familie wirst du sehr weit davon entfernt sein.

29. Höchstens Gewohnheit und Gut, doch niemals Treue wird euch aneinander ketten.

30. Liebe macht blind, folglich darfst du noch ein Weilchen im Dunkeln tappen, bis du merkst, dass du dich in die falsche Person verliebt hast.

31. Sei froh, wenn du nichts mehr von ihr hörst und siehst.

32. Sie wird aufstehen, als wäre sie nie krank gewesen.

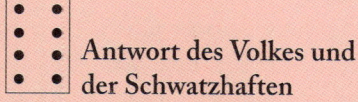 **Antwort des Volkes und der Schwatzhaften**

1. Frage das Orakel, was du dir Gutes schenken darfst, damit es dir wieder besser gehen wird.

2. Nichts ist erfolgreicher als der Erfolg und nichts hemmender als der Misserfolg. Also wirst du die Welle reiten müssen, auf die dich das Schicksal gesetzt hat.

3. Gehe den Unglücklichen und den Pechvögeln tunlichst aus dem Weg; sie haben etwas Ansteckendes an sich.

4. Es liegt an dir. Bist du wach und hältst deine Nase in den Wind, dann wirst du alsbald vor neuen Gestaden ankern.

5. Sofern das Ergebnis allgemeinen Gefallen findet, darfst du mehr als den versprochenen Lohn einstreichen. Bleibe danach im Gespräch!

6. Du selbst bestimmst das Ende deiner Leidenszeit. Doch um dies einzusehen, hast du noch nicht genug gelitten.

7. Die Gerechtigkeit wird über das Recht siegen.

8. Ist er aussichtsreich oder bringt er dir Nutzen gegenüber dem Ratgeber, so folge ihm.

9. Redest du ihnen weiter nach dem Mund, werden sie dich auch weiterhin in den höchsten Tönen loben.

10. Dies ist die Zeit, um Träume in die Welt zu heben. Hoffentlich hast du sie auch zu Ende geträumt.

11. Durch Sparsamkeit werden nur die Erben reich. Verstehst du es indes, das Geld der Sparsamen zu erhalten, wirst du noch vor ihren Erben reich.

12. Überlasse solche Fragen den Träumern. Kaufe dir ein Los. Und wenn du gewinnst, darfst du dir noch ein zweites kaufen.

13. Je mehr du dich für deinen Plan von Anfang an zu begeistern vermagst, umso größer wird am Ende dein Erfolg sein.

14. Bist du gut vorbereitet, musst du dir keine Sorgen machen. Andernfalls kann es für dich ins Auge gehen.

15. Es hängt davon ab, in welcher Stimmung du ankommst. Also bereite dich gut vor, damit du als Sieger empfangen wirst.

16. Zurzeit stehen dir alle Türen offen. Halte dich also nicht mit der Qual der Wahl auf, sondern öffne die Türe mit der goldenen Klinke.

17. Man wird dich gar innigst darum bitten, dem Ruf zu folgen. Ziere dich, und man wird dir eine goldene Brücke bauen.

18. Das hoffen außer dir noch andere. Darum strample dich nicht ab, sondern warte auf den passenden Zeitpunkt, um deinen Hut in den Ring zu werfen.

19. Sprich den Dummköpfen zu und säe bei den Klugen Zweifel. Und hier wie da wird man dich ob deiner Weisheit preisen.

20. Zeige ihr nicht, dass du sie durchschaut hast, sondern bediene dich ihrer.

21. Lasse es zum Schwur kommen, und du wirst sie erkennen. Fortan weißt du dann auch, woran du mit ihr bist.

22. Solange du so fragst, darfst du in allen Winkeln nach ihr suchen und wirst sie dennoch nicht entdecken.

23. Wenn du dich gut umhörst, wirst du erfahren, wo sich eure Wege noch einmal kreuzen können. Aber sei achtsam, dass du nicht jemand anders auf die Fährte setzt.

24. Spürst du nicht, wie ihr flammendes Herz deine Seele nährt und wärmt?

25. Spiele deine Trümpfe aus. Und du hast alle Chancen, aus dem Kreis der Bewerber erwählt zu werden.

26. Zeige dich ihr, wann immer du kannst. Mache ihr schöne Augen und Komplimente. Vergiss die kleinen Aufmerksamkeiten nicht und lästere nicht über Mitbewerber.

27. Lasse dich von ihrem Antrag überraschen. Denn je mehr du es dir wünschst, umso mehr machst du ihr Bange vor diesem Schritt.

28. Hast du erst einmal Ja gesagt, wird dir auch dieser Wunsch erfüllt werden.

29. Ihr werdet wie Pech und Schwefel zusammenkleben.

30. Der Zweifel in deiner Frage sollte dich eigentlich beschämen. Lasse ihn dir nur ja nicht anmerken.

31. Willst du dir keine Trübsal ins Haus bitten, solltest auch du Reisende nicht aufhalten.

32. Sofern sie sich nicht bereits auf dem Weg der Besserung befindet, steht die Krise noch bevor.

Die Antwort des Weges und des Wandernden

1. Schade, eigentlich hättest du nach deinem Weg fragen sollen. So aber bleibt dir nur die Frage danach, was du versäumst.

2. Es wird den Faden fortspinnen wollen, den es gerade in der Hand hält. Es sei denn, du verstehst es, ihm rasch einen anderen Faden in die Hand zu spielen.

3. Hüte dich vor Alleingängen, denn auf ihnen kannst du dich leicht verirren und gefährlich tief stürzen.

4. Wenn du jetzt noch nicht die frische Brise spürst, hast du deine Reise noch gar nicht angetreten und wirst in brackigem Wasser vor dich hin dümpeln.

5. Diese Angelegenheit wird ohne Ende sein, auch wenn du sie immer wieder zu einem guten Ende bringen wirst.

6. Fliehe vor ihm, eile voran. Doch stecke dir kein zu fernes Ziel, denn noch ist es das Übel, das dich bewegt. Erst im Ziel findest du die Kraft, dich von ihm zu lösen.

7. Dein Gegner wird eine für ihn äußerst blamable Niederlage erleiden.

8. Der Rater in der Not will allein dir helfen. Der Rater im Guten will allein sich helfen.

9. Man steht hinter dir und will dir den Rücken stärken.

10. Wünsche es dir nicht, sofern du nicht auch bei Tage schwer träumen willst.

11. Reich an Erfahrung wirst du zur Genüge sein, während das »Reich an Gut« dir immer ungenügend vorkommen wird.

12. Nein. Aber womöglich findest du jemanden, der für deine Schulden einsteht.

13. Du setzt alles auf eine Karte, also solltest du genau wissen, wie weit du gehen kannst. Nur so bleibst du im Spiel und darfst sein Ende selbst bestimmen.

14. Ohne Frage ja. Und nicht nur du wirst mit dir zufrieden sein.

15. Dir wird es überraschend gut gefallen und du wirst dich rasch einleben. Und so wirst du dir, sobald du an die Rückkehr denkst, die gleiche Frage noch einmal stellen.

16. Diese Frage kommt zu spät; hättest du einen Wechsel vorgehabt, hättest du ihn längst vollzogen haben müssen.

17. Es ist kein ehrliches Spiel, das man da mit dir treibt. Doch durchschaust du es, darfst du die Regeln diktieren.

18. Sofern du bereits einen Fuß auf der Leiter hast, darfst du auch die anderen Sprossen erklimmen. Doch achte darauf, dass du keine von ihnen auslässt.

19. Wille und Eigenwilligkeit, Wagemut und Hartnäckigkeit und nicht zuletzt Wissen um die Hintergründe – das sind die Fertigkeiten, die dir nützen.

20. Hast du Anlass, dies zu vermuten, musst du nicht die Probe aufs Exempel machen, sondern nur Abstand zu ihr halten.

21. Sei geduldig. Es wird lange dauern, bis sie sich dir öffnet. Dann aber wird sie dir ihr uneingeschränktes Vertrauen schenken.

22. Achte auf deine Umgebung. Du musst ihr erst häufig begegnen, ehe es zwischen euch zu knistern beginnt.

23. War es die Richtige, wirst du sie noch öfter sehen.

24. Lenkt dein Wunsch die Frage, himmelst du die falsche Person an. Fragst du nur so, weil …, dann wirst du geliebt.

25. Du darfst sie zu ihrer Belustigung anschmachten.

26. Da du danach fragen musst, wirst du dich ohnehin anstellen wie ein Tollpatsch. Sei so, wie du bist, und du wirst sie bezirzen.

27. Es ist durchaus möglich, dass du dich in ihrem ausgelegten Netz verfängst und hilflos vor den Altar gezogen wirst.

28. So richtig glücklich wirst du nicht sein, doch das wirst du erst sehr viel später bemerken.

29. Seid ihr beide gute Feuerwerker, wisst ihr eure Liebe immer wieder aufs Neue zu entzünden.
30. Sie ist es nicht, doch ihr dürft euch aneinander gewöhnen.
31. Sollte sie sich dir wirklich wieder nähern, werdet ihr euch neu und flammend ineinander verlieben.
32. Ihr Zustand wird sich verschlechtern und sie wird die Krankheit nur allmählich überwinden.

Wurforakel

Wenn Blüten und Würfel fallen

In den Wurforakeln vermuten manche Forscher einen der Ursprünge der Schrift. So sind etwa aus China mehr als 8 000 Jahre alte Knochenfunde bekannt, in die der späteren Schrift ähnelnde Zeichen eingeritzt sind. Diese Knochen wurden vermutlich von Priestern zum Orakeln ins Feuer geworfen und anschließend die durch die Hitze entstandenen Risse gedeutet. In der nordischen Welt warfen die Priester Holzstäbe, um aus der Lage der gefallenen Hölzer die Gunst der Stunde zu deuten. Man nimmt an, dass ein Teil der Symbolik dieser Orakel auf die um die Zeitenwende entstandene Runenschrift übertragen wurde.

Doch auch unabhängig von einem möglichen Schriften stiftenden Zusammenhang ist der magische Hintergrund der Wurforakel unübersehbar. Mit dem Wurf wird das Medium dem Geist der Götter, oder besser noch ihrer Hand, anheim gegeben, die es lenken und so für einen Augenblick mit dem Fragenden in Zwiesprache treten. Weder der Zufall noch das Geschick des Priesters, sondern allein die Macht des Schicksals lässt also die Knochen oder das Orakelholz so fallen, wie es zu liegen kommt. Ein solches Orakel trägt etwas Unbestechliches in sich. Und so ist es wenig verwunderlich, dass wir uns auch heute noch von Wurforakeln in seltsamer Weise angesprochen fühlen und manche Schicksalsfrage in dieser Weise stellen.

Doch mit Ausnahme des später vorgestellten Würfelorakels (S. 124) bemühen wir heute die großen Orakel vergangener Zeiten nicht mehr. Dies liegt zum einen daran, dass uns die einstige Deutung der gefallenen Stäbe heute nicht mehr bekannt ist.

Zum anderen haben sich neben der priesterlichen Orakelkunst auch zahlreiche volkstümliche Wurforakel entwickelt, die zu Fragen des Alltags und der Liebe schnelle und schlichte Antworten lieferten. So warf man etwa mit einem Lumpen nach der Türklinke, um zu erkunden, wie lange die künftige Vermählung noch auf sich warten ließe. Jeder Fehlwurf zählte dabei ein Jahr auf Freiersfüßen, bis der Lappen endlich auf der Klinke zu liegen kam. War mit diesem Wurforakel eher ein spielerisches und nicht sehr ernst gemeintes Erkunden des Geschicks verbunden, eigneten sich andere Orakel hingegen durchaus für gewichtigere Fragen. Wobei auch hier die vordergründig spielerische Note durchaus noch die Möglichkeit offen ließ, sich mit dem Einwand »War ja nur ein Versuch!« dem Spruch zu entziehen. In diesem Sinne sind auch die Antworten der folgenden Orakel eher als Tendenzen zu verstehen, in welche Richtung der Schicksalsfaden sich winden wird, sofern man sein Geschick nicht selbst in die Hand nimmt, um dem Schicksal zu trotzen.

Fassen Sie die Orakel in dieser Weise auf, geben Sie sich in der Tat eine Entscheidungshilfe in die Hand, um den eigenen Schicksalsfluss zu lenken. Gehen Sie also mit einer spielerischen, ja leichtsinnigen Note an die Wurforakel heran. Hierdurch erfassen Sie ihre Schicksalsströmung intuitiv weit tiefer und vermögen Ihr Lebensschiff entsprechend vorausschauender an möglichen Fährnissen vorbei auf viel versprechende Ereignisse hin zu lenken. Betrachten Sie folglich in diesem Sinne das erhaltene Orakel je nachdem als Mahnung oder ermutigenden Hinweis und nicht als unabwendbaren Spruch.

Halten Sie sich zudem an gewisse Regeln und Rituale; erlauben Sie es dem Unbestimmten, sich eindeutiger zu zeigen. Vermeiden Sie daher unsinnige oder solche Fragen, auf die Sie im Grunde Ihres Herzens keine Antworten wünschen. Hierdurch ersparen Sie sich womöglich bestürzende Aussagen des Orakels. Vollführen Sie Ihren Schicksalswurf in ruhiger, die verborgenen Sinne ansprechender Atmosphäre und zur angemessenen Zeit.

Als grundsätzlich günstig gelten die Phasen der Morgen- und Abenddämmerung, die Mittagsstunden und die Nacht ab elf Uhr.

Gänseblümchen werfen

Auch mit Gänseblümchen kann man um die Antwort des Schicksals werfen. Für den kurzen Moment, den sie zwischen Himmel und Erde schweben, durchwehen sie die Schicksalsfäden und offenbaren schließlich im sanften Fall, was in der Luft liegt. Die beste Zeit für dieses Orakel ist die satte Zeit des Frauendreißigers, womit die späten Sommertage zwischen Mariä Himmelfahrt und dem Ende der Oktave nach Mariä Geburt gemeint sind, also die Zeit vom 15. August bis zum 15. September. An anderen Tagen gilt dieses Orakel, vor allem wenn es in der Morgenstunde nach Sonnenaufgang ausgeführt wird, als besonders aussageträchtig.

Wie günstig die Zeit des Frauendreißigers für ein Gänseblümchen-Orakel ist, bestätigte mir eine Wahrsagerin, die auch Liebeszauber ausübt. Sie schickt ihre Klienten in diesen Tagen morgentlich auf die Wiesen und lässt sie zwei Sträuße Gänseblümchen werfen (siehe hierzu das Orakel »Sträußchen werfen«, S. 113), bevor sie sich einen passenden Zauber ausdenkt. Aus der Lage der Sträuße leitet sie dann ab, welchen Zauber sie für den wirksamsten hält.

Blütenwurf

Mit diesem Orakel lassen sich Stimmungen und Tendenzen erkunden, wie sich künftiges Geschehen entwickeln wird. Vor allem Entwicklungen, die bereits einen aktuellen Ansatz besitzen, lassen sich gut erhellen.

Sammeln Sie zwölf Blütenköpfe von zwölf verschiedenen Gänseblümchen. Stellen Sie eine gläserne, halb mit Wasser gefüllte Schale auf den Boden, wenn möglich in die Wiese, von der Sie die Blüten gebrochen haben. Die Schale sollte etwa einen Durchmesser von einer Handspanne haben.

Die zwölf Blüten stehen für die Kräfte des Tierkreises. Sie sprechen also mit dem Orakel das ganze Himmelsrund an. Besinnen Sie sich darauf, indem Sie die Blütenköpfe in Ihre aneinander gehaltenen geöffneten Hände legen und sich einmal langsam im Kreis drehen. Die gläserne Schale am Boden stellt den Spiegel dar, in dem sich das Künftige widerspiegelt. Glas und Wasser sind Symbole der Transparenz, der Reinheit und des Lebens. Sie zeugen von der Unbestechlichkeit des Orakels.

Haben Sie sich einmal im Kreis gedreht, bedenken Sie Ihre Frage und drehen sich dabei ein zweites Mal im Kreis. Danach sprechen Sie die Frage laut aus und drehen sich ein drittes Mal um Ihre Achse. Alsdann werfen Sie aus einem Schritt Entfernung die Blütenköpfe aus beiden Händen zur Schale. Je nachdem, wie viele Blüten in die Schale fallen, flüstert Ihnen der Geist des Orakels Folgendes zu:

1 Blüte fällt in die Schale

Der Grund für deine Sorgen wird dir genommen. Aus dem, wonach du fragst, wird nichts. Doch du hast in ihm einen guten Ansatz. Erkenne ihn. Ergreifst du ihn, wird dir das Glück in die Hand spielen. Strebst du nicht weiter, wird dir eine stille beschauliche Zeit gewährt, in der du zu dir finden darfst. Deine Feinde werden dich nicht weiter bedrängen. Du wirst diesen Menschen vergessen. Zeit, Neues zu beginnen!

2 Blüten fallen in eine Schale

Was gut begann, kann dir rasch zum Verhängnis werden. Du findest dich zwischen Baum und Borke wieder. Du musst dich entscheiden. Versäumst du dies, wirst du noch deine Tränen beweinen müssen. Legst du dich aber fest, so halte dich an das Machbare und blicke nicht zurück. Nur dann setzt du einen starken Keim. Himmel und Erde sind dir nahe. Strebe zum Horizont und dir wird das Glück an anderer Seite begegnen.

3 Blüten fallen in die Schale

Blicke nicht zu weit voraus. Das Gute liegt in deinen Händen. Sieh und forme es. Du wirst deines Glückes Schmied sein. Füge aus dem Zersplitterten einen neuen Pokal; in ihm mag sich dein Glück sammeln. Das Fehlende findest du in deiner Vergangenheit. Schütze es. Verwirf, was zu beiden Seiten liegt, und tritt ins Licht. Bleibst du dir selbst treu, wirst du nicht enttäuscht werden. In diesem Anfang lässt es sich gut wurzeln.

4 Blüten fallen in die Schale

Solange du weißt, was du willst, vermagst du das Geschick in diese Richtung zu lenken. Im Ungewissen aber gerätst du selbst ins Trübe. Hier kann dir jede helfende Hand zum Unglück werden. Besinne dich auf den Grund. Führe die Fluchtlinien zusammen. Je weiter du zurückgreifst, umso prächtiger wird das Haus werden. Gehe großzügig vor und meide die Dürre. Bleibe auf dem Sprung, deine Reise ist noch lange nicht vorbei.

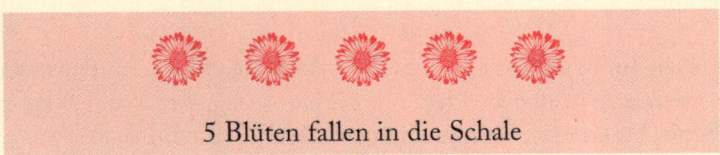

5 Blüten fallen in die Schale

Suche die Ruhe; dies ist die Zeit des Ausgleichs. Achte auf den Mittelpunkt. Im Gleichklang wurzelt der Erfolg. Es ist nur eine Kleinigkeit, die dich in der Waage hält. Sichere sie dir, und du wirst rundum gewinnen. Bist du unsicher, kehre zu diesem Quell deiner Kraft zurück. Das, was du suchst, wird dich über den Horizont leiten. Doch wandle mit Bedacht, denn Durchmessenes lässt sich kein zweites Mal durchmessen.

6 Blüten fallen in die Schale

Dein Glück scheint vollkommen. Besser aber, du polierst es noch auf. Denn nur wenn es andere blendet, wird es sich für dich verdichten. Denke daran, Begonnenes abzuschließen und Unfertiges zu krönen. Bedenke auch die Widrigkeiten und gieße dir ein Licht für die Nacht. Bleibe wandelbar, so kannst du dich den Bewegungen anpassen. Besser noch, du gibst die Bewegung vor. Nimm und teile. Dies ist die Zeit der Ernte.

7 Blüten fallen in die Schale

Glück und Unglück trennt nur ein Atemzug. Sei achtsam, wenn es sich zum Guten wendet. Sei voll Hoffnung, wenn es sich zum Schlechten neigt. Vertraue deinem Gefühl, es wird dich trösten und lenken. Lasse dein Herz sprechen, damit man dich versteht. Du stehst in einem guten Kreis. Bewege dich langsam, damit du ihn nicht übertrittst. Öffne dich, und die erhoffte Kraft fließt auf dich über. Dies ist die Zeit des Neubeginns.

8 Blüten fallen in die Schale

Wer die Sterne pflücken will, sieht den Himmel nicht. Das Unfertige will sich runden. Lässt du es zu, erhältst du mehr, als du ersehnst. Willst du es selbst formen, musst du dich mit weniger begnügen. Doch bedenke, das eine bleibt flüchtig, das andere hat Bestand. Rücke dich ins rechte Licht und du wirst gut beschienen. So erleuchtet, blickt man dir auf den Mund. Sprichst du hierauf, was man hören will, darfst du auch das andere sagen.

9 Blüten fallen in die Schale

Aller Anfang ist voll Segen. Du rückst himmlischen Gefilden nahe und darfst auf Wolken schweben. Schwebe, doch vergiss die irdischen Gefilde nicht. Blicke weit voraus und ziehe Linien zum Horizont. Erinnere dich dieser Wegmarken zur rechten Zeit. Verbündest du dich mit den Gegensätzen, erfährst du Fülle. Gehst du deinen Feinden aus dem Weg, wirst du sie schlagen. Denkst du mit den Herzen der anderen, wirst du sie bewegen.

10 Blüten fallen in die Schale

Das Spröde wird weich, das Kantige wird rund, das Dunkel weicht dem Licht. Du hast die Macht, die Dinge zu wandeln. Zögere nicht. Forme dir die Welt nach deinem Gesicht. Doch stürze nur, was du entbehren magst. Im unbedachten Verzicht liegt das Leid von morgen. Doch was du bewahrst, wird dich binden. Je größer dein Raum, umso geringer wird deine Last. Teile und teile ein. Schnüre dein Bündel und schreite voran.

11 Blüten fallen in die Schale

Ungewöhnliches tut sich auf. Sei gewappnet, damit du von ihm nicht verschlungen wirst. Spannst du jetzt keinen Bogen zwischen Himmel und Erde, wirst du die Nacht fürchten. Begegne dem Schrecken mit Schrecken. Wandle im bunten Kleid. Suchst du Linderung, so reiche die Hand zur Versöhnung. Suchst du Fülle, so löse dich vom Unredlichen. Bekenne, damit dir vergeben wird. Fürchtest du deine Feinde, verbirg dich. Dies ist die Zeit des Haders und des Zweifels.

12 Blüten fallen in die Schale

Freue dich, du bist vom Glück umworben. Alles will sich dir zum Guten fügen. Fehlendes wird dir zuwachsen, Ganzes wird sich mehren. Zeige dich, denn man will sich in deinem Abglanz wärmen. Nenne deine Wünsche, und man wird dir dienen. Deute auf deine Feinde, und man wird sie richten. Doch hüte dich vor Dünkelmut; deine Sonne würde sinken, und mit den Schatten würde dir zweifach vergällt, was du verwarfst. Der Liebe wegen öffne dein Herz.

112

0 Treffer, keine Blüte fällt in die Schale

Willst du wirklich wissen, wonach du gefragt hast? Oder weißt du im Stillen nicht längst um die Antwort? Willst du das Schicksal fordern, wo du selbst versagst? Hüte dich vor dem Wechselspiel. Du wirst alles entwerten. Nicht das, was du erstrebst, soll dir zufallen und auch nicht das, was du befürchtest. Unerwartetes wird dich von deiner Frage ablenken und dich anhaltend bekümmern. Dunkel liegt der Weg vor dir.

Sträußchen werfen

Mit dem Sträußchenwerfen wird das Orakel zu Herzensfragen bemüht. Dabei können Sie nicht nur mögliche oder geknüpfte zarte Bande hinterfragen, sondern auch unguten Gefühlen nachspüren, etwa der Entwicklung einer Feindschaft oder unbestimmten Befürchtungen. Mit dem Werfen des Brautstraußes haben wir übrigens ein verwandtes Orakel, das heute noch gang und gäbe ist.

Für das Orakel pflücken Sie 15 Gänseblümchen und binden sie zu einem Strauß. Wollen Sie das Orakel in einer Liebesangelegenheit befragen, binden Sie das Sträußchen mit einem blauen Band. Als Marienfarbe steht Blau sinnbildlich für die zarten Gefühle. Wollen Sie etwaigen Befürchtungen nachgehen, binden Sie das Sträußchen mit einem roten Band. Es ist die Farbe des Mars und des Streites. Halten Sie das gebundene Sträußchen in Ihrer linken Hand. Betrachten Sie es und bedenken Sie Ihre Frage. Schwingen Sie darauf das Sträußchen hin und her und sprechen dabei Ihre Frage laut aus. Danach werfen Sie es in hohem Bogen über Ihre rechte Schulter. Je nachdem, wie das Sträußchen hinter Ihrem Rücken niederfällt, ist das Orakel zu deuten.

Die Blüten weisen zum Rücken hin

Liebe: Man macht dir schöne Augen. Wirfst du sie zurück, springt der Funke über. Das Liebste kommt ins Haus. Die Liebe wird stärker. Zärtlichkeiten werden ausgetauscht. Zeit für Tändeleien.

Feindschaft: Deine Gegner bedrängen dich. Man nimmt dich aufs Korn. Feinde sind in deiner Nähe. Der Groll wächst. Es fallen böse Worte. Der Streit wird offen ausgetragen.

Die Blüten weisen vom Rücken weg

Liebe: Das Glück will Weile. Es nähert sich dir auf leisen Sohlen. Gehe auf deinen Schatz zu, um ihn zu umgarnen. Versteckst du dich, wirst du übersehen. Zeit zu werben.

Feindschaft: Man redet über dich. Vorsicht! Jemand möchte dir in den Rücken fallen. Führe den ersten Streich, um deinen Gegner zu schrecken. Streite mit herabgelassenem Visier.

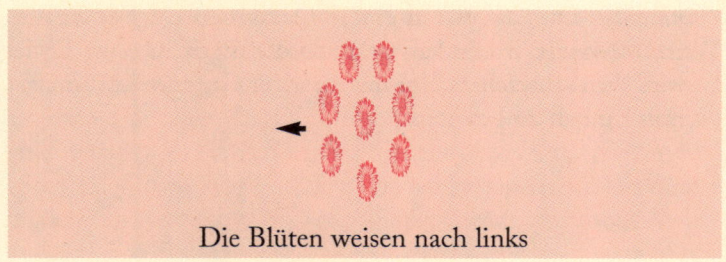

Die Blüten weisen nach links

Liebe: Traute Stunden stehen dir bevor. Lass deine Gefühle sprechen. Du hast nur Augen für diesen Schatz. Willst du Dauer, reiche deine Hand. Wenn du eine Frau bist, rückt dir ein Mann zur Seite. Romantische Zeiten.

Feindschaft: Du wirst angegriffen. Ein heftiger, aber ehrlicher Streit steht dir bevor. Wehre dich, so gut du kannst. Ob Sieg oder Niederlage, die Luft ist danach geklärt und du darfst wieder ruhig durchatmen.

Die Blüten weisen nach rechts

Liebe: Die Gefühle sind verworren. Dies ist mehr Ringen als Liebe. Andere Mütter haben auch schöne Söhne und Töchter.

Blicke ihnen nach, wenn du den Gleichklang suchst. Zeit für Abenteuer. Wenn du ein Mann bist, rückt dir eine Frau zur Seite.

Feindschaft: Du hast es mit einem tückischen Gegner zu tun. Weiche ihm aus, wo du kannst, denn der Streit ist ohne Ende. Er wird dich schwächen. Nur mit massiver Gegenwehr vermagst du ihm Einhalt zu gebieten.

Das Sträußchen liegt mit den Blüten nach unten

Liebe: Die Liebe ist verloren. Weine, wende dich ab und trockne deine Tränen. Lasse dir Zeit, ehe du erneut zarte Bande knüpfst. Willst du um das geliebte Herz werben, musst du es aus fremden Fesseln lösen.

Feindschaft: Dunkle Zeiten kündigen sich an. Du wirst hart angegriffen und musst eine Niederlage erdulden. Bietest du deinem Gegner die Hand zur Versöhnung, wird der Schmerz linder werden.

Das Sträußchen liegt mit den Blüten nach oben

Liebe: Es ist die hohe Zeit der Liebe. Dir ist vollkommenes Liebesglück beschieden. Denke nicht über den Tag hinaus, sondern labe dich an der Fülle des Augenblickes, er kann so unsagbar lange währen.

Feindschaft: Deine Feinde sollen dich fürchten, denn du wirst ihr Bezwinger werden. Erwarte ihren Angriff und zahle mit gleicher Münze zurück. Versöhne dich nicht mit den Grollenden, sondern schlage sie ein zweites Mal.

Variante: Sie können das Orakel beim Sträußchenwerfen ausbauen, indem Sie zwei Sträuße gleichzeitig werfen. Die beiden Sträußchen stehen für Sie und Ihren Partner. Ihr Sträußchen binden Sie mit einem weißen und das Ihres Partners mit einem blauen Band. Nach dem Wurf dürfen Sie aus der Lage der Sträuße zueinander den Charakter des Orakels an Hand der obigen Aussagen deuten. Berücksichtigen Sie auch den Abstand der Sträuße voneinander, können Sie das Maß der Spannung zwischen beiden Personen ergänzend beurteilen.

Kränzchen werfen

Dies ist ein kleines Orakel, mit dem Sie sowohl Herzensfragen als auch einfachen Fragen nachspüren können. Der Kranz gilt als Sinnbild für den Lebenskreis, der Verbundenheit und der Treue. Als Erd- und Schutzsymbol spricht er auch unsere Intuition an.

Fürs Kränzchenwerfen winden Sie aus langstieligen Gänseblümchen einen Kranz. Falls Sie etwas ungeschickt im Kranzwinden sind, dürfen Sie ihn auch mithilfe eines Fadens binden. Suchen Sie sich anschließend einen Baum oder Strauch, auf den Sie mit dem Kranz werfen möchten. Zuvor legen Sie sich den Kranz aufs Haupt und bedenken Ihre Frage. Alsdann werfen Sie mit der linken Hand dreimal mit dem Kranz aus gut drei Schritt

Entfernung auf das ausgesuchte Grün, das Sinnbild der Hoffnung. Je nachdem, wie oft der geworfene Kranz im Grün hängen bleibt, gibt Ihnen das Orakel folgende Antworten:

Der Kranz bleibt ein Mal hängen

Beim ersten Wurf: Es wäre zu schön, um wahr zu sein. Sofern du dich nicht selber täuschst, wirst du getäuscht. Genieße den kurzen Traum und erspare dir deine Tränen. Sei geduldig und greife nicht zum nächsten.

Beim zweiten Wurf: Du hast die Qual der Wahl. Doch warum wählen, solange du umworben wirst. Der wahre Schatz hält dir die Treue und bleibt dennoch zweite Wahl. Im fernen Morgen geht deine wahre Sonne auf.

Beim dritten Wurf: Wohl dir, wenn du gebunden bist, dein Glück bleibt ungetrübt. Tief und innig ist die Liebe. Doch bist du auf der Suche nach einem Schatz, musst du erst zwei Kröten schlucken, bevor du das wahre Fröschlein küssen darfst.

Der Kranz bleibt zwei Mal hängen

Beim ersten und zweiten Wurf: Stürmisch und voller Leidenschaft ist die Begegnung. Doch Tagen innigen Glücks folgt eine Zeit des Schweigens. Denke in der Stille nach, ob du das Lied wieder aufnehmen möchtest. Lausche, welcher Gesang dich betört.

Beim zweiten und dritten Wurf: Stille Wasser gründen tief. Warte. Wagst du dich in die Untiefen, zieht dich ein Strudel bis zum Grund. Diese Leidenschaft mag von Dauer sein. Ob's kein Strohfeuer war, wirst du wissen, wenn es dir an kühlen Tagen auch noch warm ist.

Beim ersten und dritten Wurf: Auf den ersten Blick ist es Freude, auf den zweiten wird es Liebe. Du darfst einen Kranz winden. Es herrscht Gleichklang. Doch zu viel der Harmonie kann auch eintönig sein. Verflechte dich daher nur, sofern dein Durst gestillt ist.

Der Kranz bleibt drei Mal hängen

Glocken klingen, Vögel singen, die Sonne strahlt, ein Meer von Blüten ist um dich herum. Glück liegt in der Luft. Ja, diese Liebe kann auch kein Gewittersturm verwehen. Doch bedenke: Die Blume will gepflegt sein, damit sie übers Jahr noch Blüten trägt.

Der Kranz bleibt kein Mal hängen

Trübe Tage liegen vor dir. Was gebunden ist, will sich lösen. Was zueinander strebt, läuft aneinander vorbei. Willst du dein Lieb bewahren, musst du zu den Anfängen zurück. Suchst du ein Lieb, so blicke in die Sonne, damit Glanz in deinen Augen ist.

Staborakel

Das Staborakel ist ein einfaches, dem Münzwurf ähnliches Orakel, weshalb Sie es anstatt mit Stäben ersatzweise auch mit Münzen spielen können. Für das Staborakel benötigen Sie fünf Handspannen große, flache und schlanke Holzleistchen. Die eine Seite der Leiste färben Sie schwarz und die andere Seite weiß ein.

Zum Orakeln legen Sie die fünf Stäbe fächerartig vor sich auf eine nachtblaue Decke. Die Decke sollte weich sein, damit die fallenden Stäbe nicht aufspringen. Bedenken Sie nunmehr Ihre Frage. Sie sollte mit Ja oder Nein beantwortbar sein. Anschließend nehmen Sie die Stäbe mit beiden Händen auf, indem Sie sie von beiden Seiten her zusammenschieben. So fassen Sie bildhaft alle auf Ihre Frage einwirkenden Umstände zusammen. Geben Sie die Stäbe in Ihre linke Hand. Halten Sie sie so über die Decke, dass sie leicht auffächern. Das Künftige kann sie so leicht umwehen und sich ihnen mitteilen. Sprechen Sie nunmehr Ihre

Frage laut aus. Schließen Sie danach Ihre Hand zur Faust, sodass die Stäbe gebündelt sind, und halten Sie sie eine halbe Armlänge über die Decke. Öffnen Sie Ihre Hand und lassen Sie die Stäbe senkrecht auf die Decke fallen.

Ihre Frage ist positiv beantwortet, wenn drei weiße Seiten aufliegen. Sie wurde vom Schicksal verneint, sobald drei schwarze Seiten nach oben weisen. Je nachdem ob drei, vier oder fünf gleichfarbige Seiten aufliegen, können Sie die Antwort folgendermaßen abstufen:

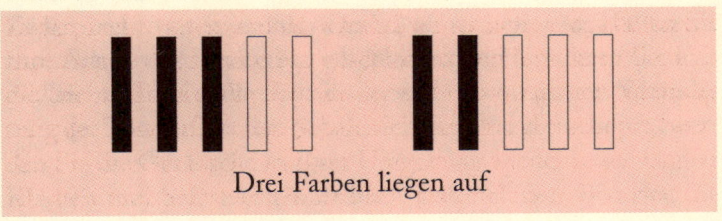
Drei Farben liegen auf

Günstige oder ungünstige Einflüsse können das Orakel verkehren. Du musst für den Erfolg kämpfen oder kannst dich einem sich abzeichnenden Misserfolg noch entgegenstellen. Lege die Hände nicht in den Schoß, das Schicksal will bezwungen werden. Stelle weitere genauere Fragen.

Vier Farben liegen auf

Die Einflüsse sind überdeutlich. Wurde die Frage verneint, bleibt dir noch ein günstiger Rest, auf den du möglicherweise bauen kannst. Frage das Orakel zur gegebenen Zeit wieder. Wurde die Frage positiv beantwortet, solltest du auf hinderliche

121

Einflüsse achten, die das Ergebnis möglicherweise behindern oder verringern können.

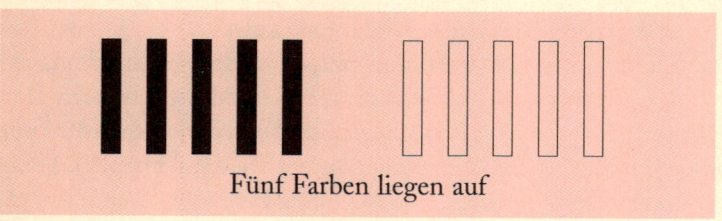

Fünf Farben liegen auf

Deine Frage ist eindeutig beschieden. Suche entweder nach neuen Wegen oder schreite in der eingeschlagenen Richtung weiterhin mutig voran. Frage das Schicksal nach möglicher Unterstützung.

Hölzchen werfen

Das Hölzchenwerfen ist eine Orakelweise, die dem antiken Würfeln ähnelt, da mit ihm nur vier verschiedene Würfe möglich sind. Aus diesem Grund liefert dieses Orakel lediglich Antworten, die Tendenzen aufzeigen. Andererseits reizt solche Form der Schicksalsfindung dazu, Fragen, die einen beschäftigen, in eingehender Zwiesprache mit dem Orakel zu klären. Solches Vorgehen ist im Übrigen auch eine sehr alte Art der Weissagung.

Schneiden Sie, am besten aus einer Weide, ein fingerstarkes Ästchen ab. Von dem Ästchen schneiden Sie wiederum zwei

fingergliedlange Holzstückchen, die Sie längs der Mitte in zwei Hälften teilen. Jedes Hölzchen weist darauf an seinen Längsseiten eine halb runde und eine flache Seite auf. Drei dieser Hölzchen verwenden Sie für das Orakel.

Nehmen Sie die Hölzchen in Ihre aneinander gehaltenen hohlen Hände. Besinnen Sie sich auf Ihre Frage und schütteln dabei die Hölzchen. Hierdurch leiten Sie Ihre Eingebung auf den eigentlichen Kern Ihres Anliegens. Anschließend sprechen Sie Ihre Frage laut aus und hauchen kurz in Ihre Hände. Danach werfen Sie die Hölzchen vor sich auf. Entsprechend der Lage der Hölzchen spricht das Orakel zu Ihnen:

Drei runde Seiten weisen nach oben

Deine Frage wird verneint. Die Dinge stehen ungünstig. Suche nach Auswegen. Hüte dich davor, in der eingeschlagenen Richtung weiterzugehen. Schaue auf deine Feinde.

Zwei runde und eine flache Seite weisen nach oben

Dein Anliegen entwickelt sich nicht zu deinen Gunsten. Es gibt Widerstände, die du nur schwer überwinden kannst. Warte ab oder suche nach Verbündeten. Es ist besser, einen Schritt zurückzuweichen.

Eine runde und zwei flache Seiten weisen nach oben

Dein Anliegen ist nicht schlecht beschienen. Achte jedoch auf die Strömungen, die dein Vorhaben unterstützen, und fördere sie. Zögere nicht zu lange, sondern wage dich einen Schritt voran. Hüte dich vor Übermut.

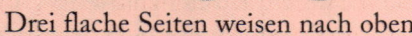

Drei flache Seiten weisen nach oben

Deine Frage wird bejaht. Die Dinge stehen günstig für dich. Bleibe deinem Weg treu. Dränge in der eingeschlagenen Richtung weiter voran; man wird dir nichts entgegensetzen. Zähle auf deine Freunde.

Würfelorakel

Würfelspiel ist Glücksspiel. Ganze Vermögen wechselten beim Würfelspiel schon ihre Besitzer. Und so ist es nicht verwunderlich, dass wir hinter den Würfeln auch eine Schicksalsmacht vermuten. »Der Würfel ist gefallen«, sagte einst Cäsar, als er den Rubikon überschritt und hierdurch seine Herrschaft über Rom sicherte. Mit dieser schon zu seiner Zeit geflügelten Redensart meinte er, dass das Schicksal nunmehr seinen vorbestimmten Lauf nehmen würde und sich niemand mehr seinem Diktat widersetzen könne.

»Astragali« (griech.) hießen in der Antike die Würfel, frei übersetzt bedeutet dies so viel wie »Sternenstaub«. Und so wie man das Schicksal in den Sternen wähnte, sollte es sich auch durch die fallenden Würfel offenbaren. Begaben sich die alten Griechen auf Reisen, trafen sie entlang ihres Weges immer wieder auf Stelen, die mit Orakelsprüchen verziert waren und den Wanderer ermunterten, sein weiteres Schicksal mit einem Wurf zu erforschen. Also warf man die Würfel und las anschließend den zum Wurf gehörigen Orakelspruch, um erleichtert oder besorgt seine Reise fortzusetzen.

Nach wie vor werfen wir die Würfel im Spiel und hadern dabei gelegentlich mit dem Schicksal. Auch als Orakel werden sie geworfen, wenn auch nicht mehr so häufig wie in der Antike. Es sind eher eingeweihte Wahrsager, die auch heute noch die Würfel zurate ziehen. Insofern wandelte sich das Würfelorakel mittlerweile zu einer mehr oder minder exklusiven Angelegenheit.

So befragen Sie das Würfelorakel

Mit drei Würfeln in der Hand können Sie dem erlauchten Kreis der Eingeweihten, die das Würfelorakel beherrschen, beitreten. Breiten Sie ein weißes Halstuch vor sich auf. Es symbolisiert die noch unerforschte Zukunft. Halten Sie die Würfel in Ihrer Linken. Bedenken Sie Ihre Frage und hauchen Sie in die Faust, die die Würfel umschließt. So übertragen Sie Ihre persönliche Kraft und Ihren Wunsch nach Erhellung auf die Würfel und geben sie für den Moment des Fallens dem Hauch des Schicksals anheim. Werfen Sie sie nun auf das ausgebreitete Tuch. Nur wenn alle drei Würfel auf dem Tuch zu liegen kommen, haben Sie ein gültiges Orakel geworfen. Sofern Ihnen also der Wurf misslang, sammeln Sie die Würfel ein und werfen sie erneut. Vielleicht überdenken Sie auch Ihre Frage neu, denn sollte der Wurf dreimal misslingen, zeigt sich das Schicksal launisch und verweigert Ihnen eine Antwort. Womöglich liegt dies daran, dass Sie nach etwas fragen, was Sie gar nicht wissen wollen oder im Grunde Ihres Herzens gar nicht erfüllen möchten. Ist dies der Fall, hat Ihnen das Orakel bereits eine treffende Antwort gegeben. Prüfen Sie sich daher bei einer Weigerung des Orakels dementsprechend.

Nach dem Wurf suchen Sie anhand der aufliegenden Würfel den dazugehörigen Spruch aus den nachstehenden 56 Möglichkeiten heraus. Lassen Sie ihn eine Weile auf sich wirken, bevor Sie ihn deuten. Vielleicht trinken Sie eine Schale Tee und betrachten dabei die gefallenen Würfel. So spornen Sie Ihre Intuition an, Sie bei der Deutung des Spruches zu leiten.

Was die Würfel Ihnen sagen

Die aufliegende Augenzahl der drei Würfel bestimmt den Orakelspruch. Legen Sie die Würfel in eine Reihe, die niedrigste geworfene Augenzahl zuerst, dann die nächsthöhere und zuletzt die höchste. Den Ihrem Wurf zugeordneten Spruch finden Sie nachstehend in aufsteigender Folge. Suchen Sie nach einem zeitlichen Hinweis, so beachten Sie den mittleren Würfel; seine Augenzahl kann Tage, Wochen oder Monate anzeigen, je nachdem welchen zeitlichen Rahmen Ihre Frage umfasst.

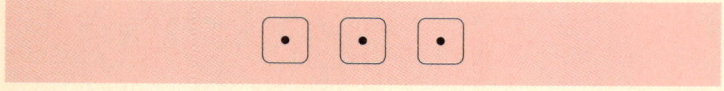

Die Zeit ist reif, Neues zu beginnen. Was du auch anfängst, es steht unter einem guten Stern. Das bedeutet aber auch, Gewohntes aufzugeben. Verabschiedest du dich, bleibst du in bester Erinnerung. Verweilst du jedoch, erfahren deine Bindungen zusätzliche Tiefe. Dir stehen glückliche Tage bevor!

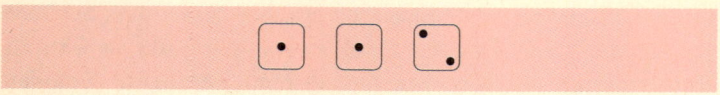

Seltenes Glück wird dir zuteil, halte deine Augen offen. Zudem begegnest du einem Menschen, auf den du dich vollkommen

verlassen darfst. Was du jetzt angehst, wird dir nicht bestritten werden, und was du jetzt in die Welt setzt, wirkt über den Tag hinaus. Gib deinen Gedanken Form. Suche Rat bei einer weisen Frau!

Fordere dein Glück nicht unbesonnen heraus. Für anstehende Entscheidungen hast du jetzt eine gute Hand. Doch nur was gut bedacht ist, wird dir auch gelingen. Wählst du dir unter diesem Aspekt einen Freund zur Seite, wird die Bindung dauerhaft sein. Alte Freunde stehen dir mit Rat und Tat zur Seite. Höre sie vor der Tat!

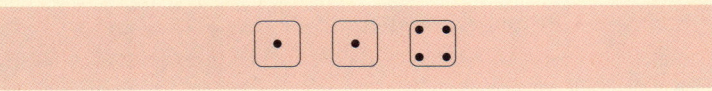

Dies ist die beste Zeit zu handeln. Was du jetzt unterlässt, wirst du später bedauern. Setze dich frohgemut über alle Hindernisse hinweg, und nimm dir, was dir gefällt. Die Zukunft liegt in deinen Händen. Greife zu. Bleibe jedoch am Ort, nur dann vermagst du viel zusammenzutragen. Zimmere dir ein festes Gerüst!

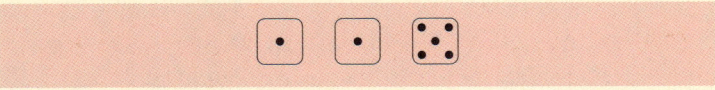

Willst du hoch hinaus, so springe jetzt. Wage, was du sonst nicht gewagt hast. Die Furcht davor verschwindet im Flug. Stellst du die Dinge auf den Kopf, stehen sie richtig. Alte Rechnungen darfst du jetzt begleichen. Je härter du austeilst, umso länger währt der Friede. Lerne aus dem Geschehenen. Keine Zeit für Treue!

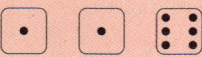

Ferner Triumph sei dir verkündet. Du bist gut beschienen, doch hüte dich vor Mittelmäßigkeiten, sie würden deinen Stern verdunkeln. Sei also nicht lau, sondern gut oder böse. Rückst du jetzt ins Licht, wirfst du einen langen Schatten. Begonnenes sollte nun zu Ende gebracht werden. Löse dich aus alten Pflichten!

Die Erfüllung deiner Wünsche scheint zum Greifen nah. Doch die Frucht fällt nicht von allein in deinen Schoß. Sie will gepflückt werden. Also strecke dich! Verlierst du jetzt den Mut, wirst du alles verlieren. Du weißt, was zu tun ist, darum halte dich nicht mit weiteren Fragen, Sorgen oder Plänen auf. Sage Ja!

Laufe deinem Glück nicht weiter davon. Verharre, und es wird dich verwöhnen. Nicht im Tun, sondern im Annehmen liegt die Gunst der Stunde. Jetzt darfst du ernten, was du gesät hast. Fülle dir deinen Speicher. Öffne die Türen und bitte die Gäste herein. Verwöhne dich mit lange gehegten Wünschen. Schmiede jetzt keine Pläne!

Trubel steht dir bevor. Willst du ihn glimpflich überstehen, solltest du auf Bewährtes setzen. Was du jetzt nicht zu Ende führst, wird dich lange schmerzen. Verweigere dich angebotenen Veränderungen. Holen dich alte Geschehnisse ein, schicke sie wieder zurück. Wahre Liebe wird sich jetzt bewähren.

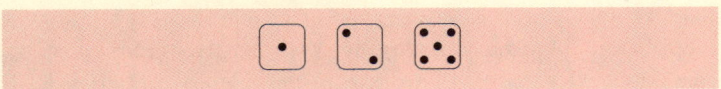

Ein guter Anfang ist gemacht. Er wird dich noch lange beflügeln. Bewahre dir die guten Seiten, sie werden dir Zinsen bringen. Die schlechten aber verwirf ohne Groll. Drehe die Münzen aber vorher um. Wenn du dich heute löst, wirst du morgen nicht mehr um deine Herkunft wissen. Angenehme Liebeleien!

Möchtest du über Wolken schweben, solltest du jetzt das Fliegen lernen. Lasse deine Feinde hinter dir und fliehe in eine bessere Zeit. Vor dir liegt ein Raum, den du noch nicht erahnst. Trittst du in ihn ein, wirst du geblendet sein. Halte also deine Augen geschlossen. Leichtsinn will belohnt werden!

Zur Unbeweglichkeit gesellt sich Härte. Lässt du sie zu, wirst du zerbrechlich. Entziehst du dich ihr, erlangst du jene Freiheit, die dich einsam macht. Das Glück liegt in der Krönung. Doch niemand außer dir selbst wird dich umkränzen. Eine Entscheidung steht an. Ein Mann schwört dir Treue. Prüfe ihn gut.

Dem Streit folgt die Versöhnung. Wer sich Ersterem entzieht, versagt sich Letzterem. Nimmst du den Faden auf, wirst du in Gesellschaft ein großes Knäuel wickeln. Denke dabei nicht an das, was dir fehlt, sondern an das, was du erhältst. Ein durchdachter Plan wird dich stützen. Lasse dir einen Monat Zeit!

Mutige werden Helden, Feiglinge werden Fürsten. Es braucht Mut und Verstand, feige zu sein. Ein kühler Wind weht dir ins Gesicht. Er mag dich erfrischen oder dich frösteln lassen. Geradlinigkeit und ein klarer Blick führen dich ans Ziel. Du wirst nur kurz rasten, denn weitere Berge wollen bewältigt werden.

Am besten legst du deine Hände in den Schoß, denn alles, was du jetzt beginnst, wird unnütze Plackerei. Erwartest du indes, was du vorausblickend erahnst, werden sich ungeahnte Möglichkeiten auftun. Verzehre derweil, was vergangen ist. Suche die Gesellschaft und lasse mit dir reden. Eine Frau wird dir die Zukunft weisen!

Willst du Großes erreichen, so beginne jetzt. Doch nur auf festem Grund wird dein Werk von Dauer sein. Gründest du indes auf weichem Boden, so gib Stroh ins Feuer. Seine Flamme wird den Grund härten und lange in Erinnerung bleiben. Ergreife beherzt den Vorschusslorbeer, er wird dich schmücken und erhöhen.

Deinem Streben fehlt der Rückhalt. Deine Ideen werden Ideen bleiben. Beginne von neuem, und messe dich am Bekannten. Suche nicht nach Gefühlen, wo nur noch Erinnerungen sind. Rund wird nur, was sich auch fassen lässt. Beweinst du die Lücke, fallen deine Tränen nur auf heißen Stein. Flüchtige Bekanntschaften!

Du darfst dir einen Stern pflücken. Halte deinen Bogen gen Himmel, und dein Pfeil wird einen Stern treffen. Doch achte auf die Winde, die deinen Pfeil tragen sollen. Eine zweite Gelegenheit wird auf sich warten lassen. Und sie wird immer im Schatten der ersten stehen. Du musst ernten, was du gesät hast.

Ein Einfall zieht weitere nach sich. Bedenke daher gut, worum du deine Gedanken kreisen lässt. Nur das Ungewöhnliche bringt auf Dauer Lohn. Ein einsamer Weg liegt vor dir. Wer dich begleiten möchte, sollte deshalb um seinen Weg wissen. Wer jetzt geizt, wird lange dürsten. Misstraue dem schnellen Erfolg!

Hast du das Ende gut bedacht, musst du den Anfang nicht scheuen. Allerdings wirst du nicht ohne Hilfe dein Ziel erreichen. Heuere dir also eine verlässliche Mannschaft an. Doch gib nichts auf Versprechungen. Wem jetzt der Mut zum Scheiden fehlt, dem steht ein langer Winter bevor. Sage Nein!

Hadere nicht, wo das Urteil längst gefällt ist. Jetzt gilt es, sich mit dem Gegebenen zu arrangieren. Je eher du es annimmst, umso eher wirst du die Lage beherrschen. Suche den Gleichklang bei einer verwandten Seele. Konzentriere dich dabei auf das Wesentliche, um der Beliebigkeit zu entgehen. Der Tag ist da!

Genieße die Zeit, die dir viel Schönes bringen wird, und singe dein Lied. Liebst du, so sorge dich um dein Liebstes. Suchst du, so öffne deine Augen. Streitest du, so pflege die Zwietracht.

Der nächste Frühling lässt lange auf sich warten. Was du jetzt an Leidenschaft erfährst, wird dich an den kalten Tagen wärmen.

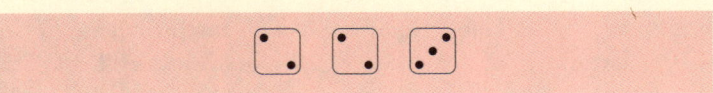

Achte auf Misstöne, denn Streit steht ins Haus. Wer sich rechtzeitig wappnet, darf den ersten Streich führen. Doch nur wer weiß, was er vom Frieden erwartet, weiß, wofür er streitet. Willst du deine Verbündeten bei der Fahne halten, so traue ihnen nicht. Jeder streitet für sich. Eine zweite Frau ist im Spiel!

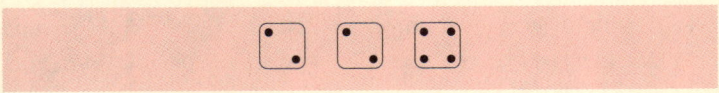

Gelingt es dir, die Gegensätze miteinander zu versöhnen, musst du dich um das Weitere nicht sorgen. Stellst du hierzu deine Interessen zurück, wirst du mit Unerwartetem beglückt. Fordere dennoch deinen Preis, damit man deinen Anteil nicht vergisst. Eine Freundin vertraut dir ein dienliches Geheimnis an. Verwerte es!

Dinge streben ihrer Vollendung zu. Doch Vorsicht, sei dabei nicht zu eifrig, sonst schleifst du den Juwel in deiner Hand nur kleiner und kleiner. Setze deinen Charme ein, er wird das Ergebnis adeln. Hüte dich jedoch vor Einseitigkeit. Nur wer in beide Richtungen gibt, wird zweifach beschenkt werden.

Übernimm dich nicht, wenn du willst, dass gut wird, was so gut begonnen wurde. Habe Geduld. Dein Wunsch braucht Reife, soll er Erfüllung finden. In der Zwischenzeit darfst du dich Neuem zuwenden. Hierbei darfst du entdecken, was dich von Wunsch und Wirklichkeit trennt. Dir wird ein Angebot gemacht. Wäge es gut!

Der Anzug, in den du schlüpfen willst, ist dir zu groß. Spanne also deine Erwartungen nicht zu hoch. Mache dich auf eine Zeit des Zanks und Haders gefasst. Mit Gleichmut wirst du sie überstehen. Mit einem Ass im Ärmel kannst du, sobald sich die Lage klärt, einstechen. Ein Mann ist zu viel im Boot. Wirf ihn hinaus!

Weshalb diese Frage, wo du doch Herr der Lage bist. Die Dinge entwickeln sich zu deinem Vorteil. Zweifelst du jedoch daran, wirst du selbst zum Niedergang beitragen. Verfolge also die eingeschlagene Richtung weiter. Leihst du beiden Seiten dein Ohr, wird sich niemand abwenden. Halte Wort und fordere es ein!

Mit dem richtigen Partner an der Seite darfst du den Sprung wagen. Doch hüte dich vor Idealisten, sie werden dich mit in den Abgrund reißen. Denke auch über Wege abseits ausgetretener Pfade nach. Sie sind kürzer und bergen viel Freude in sich. Miss deinen Partner an seinen Worten. Schwätzt er, so wandle allein!

Ihr habt euch gut abgesichert, du und deine Gegner. Stürzen wird, wem der erste Fehler unterläuft. Seile dich daher ab, falls dir das Risiko zu groß ist. Halte dich an das Machbare. Das Wünschenswerte stellt sich daraufhin ein. Dies gilt insbesondere in der Liebe. Greife nicht zur Angel, sondern zum Netz!

Auf zwei Hochzeiten ist schlecht tanzen. Sei weniger launisch und du erreichst dein Ziel. Hüte dich vor falschen Freunden. Guter Rat ist jetzt wohlfeil, gute Tat indes teuer. Vertraue deiner Eingebung, und du wirst im rechten Moment ein Zeichen sehen. Folge dem Wink! Streit mit einer Frau steht ins Haus.

Mit Geradlinigkeit kommst du hier nicht voran. Lässt du deine Gefühle vernehmlich sprechen, wirken sie überzeugend. Glaubst du an dich und deine Winkelzüge, wirst du eine wichtige Erfahrung machen, auch wenn ein schaler Geschmack zurückbleibt. Achte auf deine Börse. Die Liebe pausiert, die Intrige wirkt!

Du darfst auf Wolken schweben und Traumschlösser beziehen. Auch wenn dein Verstand rebelliert, deine Gefühle kommen auf ihre Kosten. Genieße die Zeit. Das Glück, das dich jetzt erwartet, wird dir die Treue halten. Doch stelle keine Vergleiche an, sonst gibt es ein böses Erwachen. Hoch die Zeit für Liebende!

Du erwartest zu viel von dir und deiner Welt. Nur im Lichte deiner Ansprüche sieht die Sache so schlecht aus, wie du sie empfindest. Findest du nicht das richtige Maß, wirst du keine Freude haben. Entrichtest du den geforderten Preis, schaffst du dir einen festen Grund. Die Träume verlieren sich im Erwachen!

Solange du den Gaul von hinten aufzäumst, wirst du ihn nicht reiten. Suche dir erfahrenen Rat. Ein anderer wird die Hürde vor dir nehmen. Lässt du dir deswegen deine Stimmung nicht verderben, darfst du als Letzter lachen. Küsse den Spatz in der Hand, und er wird zur Taube. Eine lange Reise steht dir bevor!

Setze nicht auf das Fassbare, sondern auf dein Herz, und du wirst gewinnen. Spiele ein doppeltes Spiel, und du wirst nicht enttäuscht. Dieser Reigen bringt keine klingende Münze, dafür aber angenehme Erinnerungen. Entscheidend ist der Start. Wer zögert, erhält den Rest. Blicke am Ende des Weges nicht zurück!

Besser kannst du es nicht treffen. Dein Vorhaben geht gut für dich aus. Fordere dein Geschick heraus, denn dir wird so viel gegeben werden, wie du auch erwartest. Mit einem gut durchdachten Plan behältst du die Nase vorn. Halte deine Börse auf, damit sie sich füllt. Du magst Freunde fürs Leben finden!

Hochmut kommt vor dem Fall. Bleibst du im Hintergrund, bist du vor Angriffen sicher. Doch lasse dich nicht zu weit nach hinten drängen. Auch wenn nur Kleingeld gezählt wird, jetzt wird am Fundament für die Zukunft gezimmert. Trage große Brocken zusammen. Wirf einen davon dem Sieger vor die Füße.

Doppelt genäht hält besser. Stimme dem einen zu und verfolge zugleich das andere. Noch weiß niemand, wie das Ende vom

137

Lied klingen wird. Gibst du jetzt den Ton an, wird es deine Weise werden. Du hast einen ernsthaften Rivalen an der Seite. Scheue ihn nicht. Im Wettstreit mit ihm wächst du über dich selbst hinaus.

Der Erfolg ruht auf zwei Beinen. Suche dir einen Partner, damit du nicht ins Wanken gerätst. Die Aussichten für ein Bündnis sind günstig. Wähle jedoch mit Verstand, denn dein Herz wird dich täuschen. Neue Ideen werden belohnt. Hüte dich vor zu viel Gleichklang, er wirkt ermüdend. Ein klärender Streit steht bevor!

Keine Bange; geht es schief, erhältst du noch eine zweite Chance. Doch warum auf zwei Pferde setzen, wo nur eines das Ziel erreichen wird. Verzettele dich nicht. Eine Entscheidung drängt. Bleibst du weiter halbherzig, ist auch deine zweite Chance vorbei. Verluste drohen, Gewinner denken langfristig!

Das Glück gehört dem Tätigen, darum meide die Trägen. Was du dir heute vornimmst, wird dir auch gelingen. Arrangierst du dich mit deiner Mitwelt, schaffst du dir langfristig einen gedeihlichen Rahmen. Beteilige dich nicht an Winkelzügen, sondern beharre auf deiner Linie. Größere Geschenke warten auf dich!

Greift der Verstand nach den Sternen, bleibt ihr Feuer kalt. Du richtest es dir angenehm ein, doch die Einsamkeit bleibt. Nimm dir eine Auszeit, und dein Herz taut wieder auf. Dies ist nicht die Zeit, neue Bande zu knüpfen, sondern die Knoten in den alten zu lösen. Eine alte Liebe will neu entdeckt werden!

Behältst du die Zügel in der Hand, stehen die Dinge auch weiterhin gut für dich. Willst du das Erreichte festigen, darfst du dir keine Gefühle leisten. Wer kühl kalkuliert, bleibt den Hitzköpfen überlegen. Lasse dich nicht weiter bedrängen; man will nicht dein Bestes, sondern deine Unterwerfung. Verweigere dich!

Mit dieser Schwalbe kannst du einen Sommer machen. Übertreibe, lobe dich, werfe dich in die Brust. Nicht dein Hintergrund, sondern deine Vorstellung ist preiswürdig. Weiche nicht von deinem Ziel ab, es gibt nur diesen Weg. Habe Geduld, du wirst erhört. Eine lange Reise steht bevor. Nimm nur leichtes Gepäck mit!

Halte Augen und Ohren auf, man will dich Großes lehren. Achte auf das, was man dir verschweigt, denn darin liegt die eigentliche Wahrheit. Kleidest du dich in Samt und Seide, rückst du in den Mittelpunkt des Festes. Komme mit leeren Taschen, auf dass sie gefüllt werden. Ein Herz will sich dir schenken!

Du hast den Grund gefestigt, das Haus gebaut und das Dach gedeckt. Öffne nun Türen und Fenster, damit Leben einkehrt. Lasse dir die Sonne ins Gesicht scheinen. Du darfst stolz sein, doch verberge ihn um deiner Neider willen. Man macht dir ein Angebot, sage Ja. Bedenke, die Liebe will besiegelt sein!

Trage den Lorbeer, aber ruhe dich nicht auf ihm aus. Nur wenn du weiter strebst, wirst du das Erreichte festigen. Zudem steht noch eine Rechnung offen. Begleiche sie mit Zukunft. Hadere nicht über mangelnden Rückhalt. Du streitest für dich allein. Die Liebe sucht sich den gedeckten Tisch. Trage vom Feinsten auf!

Wie willst du deinen und ihren Durst stillen, wenn du den Brunnen versiegelst? Das gesparte Wasser läuft trotzdem in den großen Fluss. Und türmst du noch einen Stein auf den anderen, so bleibt das Haus dennoch ohne Dach. Im Halbschlaf lässt sich schwer träumen. Verratene Geheimnisse verlieren ihre Macht. Träge Zeiten!

Es ist nur ein Kern in dieser Frucht. Schälst du ihn heraus und gibst ihn in gute Erde, wird daraus ein stattlicher Baum wachsen. Du besitzt die Gabe, die du bei anderen suchst. Suchst du stattdessen den Gegensatz, findest du Erfüllung. Glaube den Stimmen nicht. Jemand fällt dir in den Rücken. Schau dich um!

Die Dinge kommen zu einem guten Abschluss. Wer gesät hat, darf jetzt reichlich ernten. Lege dir Saat zurück, denn was du heute beschließt, steht unter einem guten Stern. Wagst du dich über dich selbst hinaus, wächst du mit der Aufgabe. Brichst du mit dem Vergangenen, magst du unbeschwert wandern. Liebe will Dauer!

Dem Bescheidenen wird sich das Glück nicht verwehren, vom Gierigen wird es sich abwenden. Die guten Aussichten bleiben trügerische Verlockungen, die die Abgründe verdecken. Entferne dich nicht zu weit vom Herd, damit das Feuer nicht erlischt. Missachte den Rat der Frauen, ihr Streit lässt dich ruhig schlafen.

Alles Machbare, das du dir erträumst, strebt nach Erfüllung. Dennoch willst du weiter dürsten. Hierdurch versteinerst und ver-

bitterst du zugleich. Blickst du jedoch zurück, findest du Frieden im Verborgenen. Hier darfst du dich zurücklehnen und durch weisen Rat den Frieden festigen. Du gibst die Richtung vor!

Achte auf die leisen Gedanken. Es ist nur eine unscheinbare Idee, die dich den entscheidenden Satz voran bringt. Lasse den Einfall in dein Herz fallen. Dort mag er dich verwandeln. Im alten Kreis wirst du zum Fremden werden. Steigst du weiter, wirst du dein Gepäck allein tragen. Einsame, doch erfüllende Wege!

Vom Gewöhnlichen zum Besonderen ist es nur ein kleiner Schritt. Weißt du um den Sinn deines Glücks, vermagst du zwischen zwei Welten zu wandern und zu wechseln. Deine Heimat wird dort sein, wo dein Herz schlägt. Das Glück liegt im Verständnis. Aus ihm heraus erblüht es stets von neuem. Fülle und Liebe sind seine Früchte.

Dort, wo Schatten ist, wird Nacht, und dort, wo es graut, wird Licht werden. Schlimmes wird ärger und Gutes noch besser. Wer in der Mitte bleibt, wird den Grund verlieren. Wer am Rande steht, wird die Seiten wechseln. Nichts wird sein, wie es vorher war. Der Wind bläht das Segel, es wird eine lange Reise.

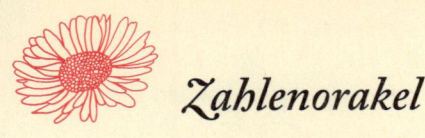

Zahlenorakel

und die Kraft des Gänseblümchens

*I*ndem wir zählen, ordnen wir unsere Welt. Durch diese Ordnung beschreiben wir sie auch aus einer bestimmten Sicht. Und wie sich die Welt durch Zahlen beschreiben lässt, erleben wir in unserer modernen Welt, die ohne ständige und immer neue Berechnungen nicht funktionieren würde, tagtäglich. Das beginnt bei der Registraturkasse im Supermarkt, die nicht nur den Warenwert addiert, sondern auch Informationen für die Lagerverwaltung und den Einkauf liefert, bis hin zum Satelliten, mit dem wir das All erkunden, um unsere Welt mehr und mehr zu begreifen.

Lassen wir uns auf diese Perspektive ein, werden wir dem Satz »die Welt ist Zahl« durchaus zustimmen. Eine Weisheit, über die bereits die alten Griechen philosophierten. Und wahrscheinlich erhielten sie den Impuls hierzu von den mathematisch hochbegabten Indern. Wahrscheinlich dürfte die Nachdenklichkeit über das Mysterium der Zahlen schon in dem Augenblick begonnen haben, als der erste Mensch seine Finger zum Zählen benutzt hat. Denken wir nur an die alten Kulturen im Dreistromland, im Indus- und im Niltal, die den Zahlen besondere magische Bedeutung zuwiesen und hierdurch ihrem Alltag als auch ihrer Kultur und ihren Kulthandlungen eine Struktur gaben, in der sie sich selbst über die Zahl mit dem Göttlichen und ihrem Geschick als miteinander verwoben erachteten. Höchste Blüte erlebte dieses Zahl, Wirklichkeit und Übersinnlichkeit verknüpfende Denken in der Kabbala, die unter arabischem Einfluss im 13. Jahrhundert in den jüdischen Gemeinden Spaniens ihre Vollendung fand. Zahl und Buch-

stabe waren hierbei den Eingeweihten ein Weg zur Gottes-
erkenntnis.

Unter dem Gesichtspunkt, dass sich durch Zahlen die Welt
beschreiben und göttliche Geheimnisse offenbaren ließen, war
auch der Gedanke folgerichtig, dass sich mittels der Zahl ebenso das Schicksal wie das Wesen eines Menschen erfassen lassen
müsste. Dementsprechend entstanden allenthalben in allen Kulturen oft unabhängig voneinander rund um den Globus Zahlenorakel. Und da nichts eindeutiger und zwingender schien als eine Zahl, wurde solchen Orakeln großes Gewicht beigemessen.
In Gestalt der Numerologie hat sich uns ein Orakel erhalten, das
sich auch heute noch nach wie vor allgemeiner Beliebtheit er-
freut und dem wir mithilfe einer Losung aus der magischen
Kraft der Gänseblümchenblüten eine zusätzliche Dimension
verleihen können.

Numerologie
Was Namen und Daten verraten

Überwiegend wird die Numerologie dazu verwandt, aus dem
Geburtsdatum und der Umrechnung des Namens eine Zahl zu
ermitteln, an Hand derer man die Grundzüge des Charakters eines Menschen zu deuten versucht. Nicht nur die Welt, sondern
auch der Mensch ist Zahl, ist hierbei der grundlegende Gedanke. Freilich ist diese Art der Charakterbestimmung nur ein rela-
tiv schwaches Instrument neben den weitaus verfeinerteren und
dementsprechend umfassenderen Methoden der Astrologie oder
der Handlesekunst. Andererseits stellt die Numerologie ihrerseits eine eigenständige Betrachtungsweise dar, weshalb sie von
vielen Wahrsagern zur Abrundung ihrer Analyse herangezogen
wird. Zudem lassen sich mit ihrer Hilfe zurückliegende ebenso
wie kommende Ereignisse, etwa Vertragsabschlüsse, rasch und

einfach in ihrer Qualität beurteilen. Hier erweist sich ein Zahlenorakel häufig sogar als die ideale Entscheidungshilfe.

In der folgenden Erläuterung zum Zahlenorakel erfahren Sie, wie Sie Ihre persönlichen Glückszahlen ermitteln. Als solche gelten Geburtszahl, Namenszahl und Datumszahl. Bringen Sie alle drei Zahlen zur Beurteilung vergangener und künftiger Ereignisse miteinander in Beziehung, gewinnen Sie einen guten Einblick in das hintergründige Wirken Ihrer Schicksalsmacht.

Die Geburtszahl

Ihre Geburtszahl errechnet sich aus der Quersumme Ihres Geburtsdatums. Sind Sie beispielsweise als Christkind am 24. Dezember 1982 geboren, rechnen Sie:

$$2 + 4 + 1 + 2 + 1 + 9 + 8 + 2 = 29$$

Hierauf ziehen Sie noch die Quersumme aus 29:

$$2 + 9 = 11$$

Und da in der Numerologie stets so lange gerechnet wird, bis das Resultat eine einstellige Zahl ist, rechnen Sie noch einmal

$$1 + 1 = 2$$

Ihre Geburtszahl wäre folglich die 2.

Diese Zahl beschreibt Ihre schicksalhaften Wesenszüge, mit denen Sie sich bei der Bewältigung Ihres Alltages immer wieder konfrontiert sehen. Es sind jene Ihnen eigentümliche Züge, die Ihnen im Umgang mit Ihrer Mitwelt mal nützlich und mal hinderlich sein können. In dieser Weise ist Ihre Geburtszahl gewis-

sermaßen Ihre karmische Zahl. Gelingt es Ihnen, Ihre verschiedenen Temperamente gleichwertig zu leben, leben Sie auch den Raum, den Ihnen Ihre Zahl vorgibt, und haben sich dementsprechend mit Ihrem Schicksal ausgesöhnt. Die Bedeutung der Geburtszahl finden Sie in der Deutung weiter unten unter dem Stichwort »Charakter« beschrieben. Es beschreibt die Grundtemperamente der jeweiligen Zahl, die ihr seit alters als Entsprechung zugeschrieben werden.

Die Null im Datum und in der Quersumme

Wären Sie statt am 24. im oben gegebenen Beispiel einen Tag später am 25. Dezember geboren, wäre Ihre Quersumme 30. Hier müssten Sie im nächsten Schritt die Null wie eine Zehn behandeln und kämen folglich auf die Quersumme 13 und schließlich auf die Geburtszahl 4.

Ebenso verfahren Sie mit Nullen im Geburtdatum. Jede Null steht hier also für eine Zehn. Für ein Kind, das etwa am 20.2.2000 geboren worden wäre, errechnet sich also die Geburtszahl wie folgt:

$$2 + 10 + 2 + 2 + 10 + 10 + 10 = 46$$

Im nächsten Schritt rechnen Sie 4 + 6 = 10, worauf Sie die Geburtszahl 1 erhalten. Denn sobald die letzte Quersumme 10 ergibt, wird die Null nicht mehr als 10, sondern als Null bewertet. Andernfalls käme ja die Eins als Geburtszahl nicht vor.

Die Namenszahl

Zur Ermittlung der Namenszahl ersetzen Sie die Buchstaben des Namens durch Ziffern, aus denen Sie anschließend die

Quersumme ermitteln, die Sie wiederum so lange addieren, bis Sie eine einstellige Zahl erhalten.

Und da Namen in gewisser Weise Schall und Rauch sind, ziehen Sie zur Bestimmung Ihrer Namenszahl auch nicht alle Ihre Taufnamen heran, sondern nur den Namen (Vor- und Nachnamen), den Sie augenblicklich führen und der Ihrem Selbstverständnis entspricht. Das bedeutet, wenn Sie sich privat ausschließlich mit einem selbst gewählten Vornamen, Kosenamen oder Spitznamen rufen lassen, so wählen Sie auch für Ihre Namenszahl diesen Namen anstelle Ihres amtlichen Rufnamens. Denn hier wirkt im Gegensatz zur vorgenannten Redensart die Behauptung »nomen est omen«, was so viel bedeutet, dass mit einem Namen gleichwohl Schicksalsmächte beschworen werden.

Im abgebildeten Feld sehen Sie, wie die einzelnen Buchstaben Ihres Namens den Zahlen von 1 bis 9 zugeordnet sind. Umlaute oder ein scharfes S in Ihrem Namen müssen Sie hierzu entsprechend übertragen.

1	2	3	4	5	6	7	8	9
A	B	C	D	E	F	G	H	I
J	K	L	M	N	O	P	Q	R
S	T	U	V	W	X	Y	Z	

Am Beispiel des Namens »Lissy Schäfer« soll der Gebrauch der Tabelle erläutert werden.

Lissy würde ihren Nachnamen »Schaefer« schreiben und dann den einzelnen Buchstaben die passenden Ziffern wie folgt zuordnen:

L I S S Y S C H A E F E R

3 9 1 1 7 1 3 8 1 5 6 5 9

Zieht sie die Quersumme aus den erhaltenen Zahlen, erhält sie die Summe 59 und rechnet wie folgt weiter:

$$59 = 5 + 9 = 14 = 1 + 4 = 5$$

Die Fünf wäre somit Lissys Namenszahl. In gleicher Weise ermitteln Sie auch Ihre persönliche Namenszahl oder die Ihrer Freunde oder der Personen, über die Sie eine Aussage des Orakels wünschen. Auch bei der Ermittlung der Namenszahl wird eine Null in der Quersumme als 10 gewertet, ausgenommen die letzte Quersumme selbst ergibt 10.

Während Ihre Geburtszahl Ihr karmisches Potenzial verkörpert, verweist Ihre Namenszahl auf die Art und Weise, wie Sie sich geben und wie Sie gewohntermaßen die Dinge des täglichen Lebens angehen. Sie ist daher quasi die Zahl Ihrer Psyche. Dementsprechend finden Sie die Deutung einer Namenszahl unter dem Stichwort »Umstände« in unten stehender Erläuterung der Zahlen in einen Spruch gekleidet.

Die Datumszahl

Die Datumszahl bezieht sich auf ein Ereignis, zu dem Sie das Orakel befragen wollen. Hierbei können Sie ein künftiges ebenso wie ein vergangenes Datum wählen. Zur Ermittlung der Datumszahl gehen Sie in gleicher Weise wie bei der Ermittlung der Geburtszahl vor, indem Sie die Quersumme aus dem gewählten Datum ziehen und diese dann bis auf eine einstellige Zahl weiter herunterrechnen. Beachten Sie auch hier die beschriebene Handhabung der Null.

Je nach den Umständen des befragten Ereignisses können auch mehrere Daten in die Datumszahl mit einfließen. Beispielsweise der Beginn und das Ende eines wichtigen Besuches oder die vereinbarte Dauer eines Vertrages. In solchen Fällen empfiehlt es sich, beide Datumszahlen des betreffenden Ereignisses zurate zu ziehen. In ihnen erkennen Sie, unter welcher Stimmung das Geschehen begonnen wird und wie es sich zu seinem Abschluss hin entwickelt. Dementsprechend können Sie Ihr Vorhaben in Hinsicht auf mögliche Fährnisse hin planen. Zugleich wissen Sie, wovor Sie sich hüten sollten und mit welcher Art von Unterstützung Sie rechnen dürfen.

Die Ereigniszahl

Haben Sie zu einem Geschehen zwei Datumszahlen ermittelt, addieren Sie beide Datumszahlen miteinander und ziehen aus ihnen gegebenenfalls noch einmal die Quersumme. Die so erhaltene Zahl ist gewissermaßen die »Ereigniszahl«, unter deren Temperament das gesamte Geschehen steht. Sie sagt Ihnen, wie Sie Anfang und Ende eines Ereignisses am besten miteinander verknüpfen und welche Grundstimmung das Geschehen beeinflusst. Mit der Ereigniszahl lassen sich insbesondere Zeitabschnitte ausdeuten, in denen Sie ein Vorhaben durchsetzen wollen. Planen Sie beispielsweise einen Umzug oder wollen Sie endlich eine ersehnte Erholungsphase einlegen, können Sie mithilfe der Ereigniszahl den günstigsten Zeitpunkt bestimmen, indem Sie das Anfangs- oder das Enddatum so verschieben, dass Sie die für Ihr Vorhaben beste Zahl und somit die vorteilhafteste Stimmung nutzen.

Die für die Datums- und Ereigniszahl zutreffenden Aspekte der Deutung finden Sie in der Erläuterung der Zahlen unter dem Stichwort »Tat«. Sie beschreiben die positiven wie die negativen Aspekte, die mit der Zahl einhergehen, und illustrieren das Sowohl-als-Auch, das mit der Frage zu verknüpfen ist.

Die Beziehung von Geburts-, Namens- und Datumszahl

Die drei Zahlen, die Sie für Ihr Zahlenorakel berechnen, stehen nicht nur für sich allein. Sie können sie auch zur Beurteilung der Stimmung vergangener, jedoch noch in die Gegenwart wirkender Ereignisse oder zur Klärung künftigen Geschehens miteinander verknüpfen. Hierbei werden in der Vergangenheit wurzelnde Geschehnisse durch die Verbindung von Namens- und Datumszahl beurteilt, während für die Erhellung künftiger Ereignisse die Geburtszahl mit der Datumszahl addiert wird.

Fragen Sie sich beispielsweise, wie Ihre Chancen stehen, wenn Sie eine alte Liebe wieder aufleben lassen wollen, so nehmen Sie das Datum, an dem Sie sich aus den Augen verloren haben. Können Sie sich an den genauen Tag nicht mehr erinnern, so wählen Sie das Datum des letzten Tages des betreffenden Monats oder Jahres. Die erhaltene Datumzahl addieren Sie sodann mit Ihrer Namenszahl und ziehen in gewohnter Weise die Quersumme.

In entsprechender Weise verbinden Sie Geburts- und Datumszahl, sobald Sie zukünftige Stimmungen erkunden wollen.

Zur Deutung der Stimmung betrachten Sie darauf alle drei im Orakel beschriebenen Temperamente der gelosten Zahl.

Das Ritual des Losens

Auf den ersten Blick mag uns ein Zahlenorakel als eine sehr kühl kalkulierte Angelegenheit erscheinen. Liegen die Grunddaten erst einmal fest, haben wir im Handumdrehen auch das Ergebnis berechnet. Hierfür muss man sich ganz offensichtlich nicht an seinen Kraftort zurückziehen, um durch die rechte Stimmung Intuition und Übersinnliches miteinander zu vereinen.

Dies ist vorderhand durchaus richtig. Andererseits steht Ihnen mit nur neun Temperamenten auf den ersten Blick auch nur ein bescheidener Deutungsrahmen zur Verfügung. Die wahre Kunst des Zahlenorakelns liegt deshalb darin, die begrenzte Deutung intuitiv zu erfassen und der Frage gemäß auszulegen. Hierfür aber sind Sie wieder auf eine Ihre Eingebung beflügelnde Atmosphäre angewiesen.

Halten Sie es daher wie einige mir bekannte Wahrsager, und ziehen Sie sich, sobald Sie die ermittelten Zahlen der Frage entsprechend deuten wollen, an Ihren Kraftort zurück. Schreiben Sie dort die errechnete Zahl mit Tinte auf ein weißes Blatt Papier und lesen Sie sich den Spruch in Ruhe durch. Betrachten Sie danach die Zahl auf dem Blatt und lassen Sie sie auf sich wirken. Sie werden daraufhin bemerken, wie sich das Gelesene verändert, es sich der Frage anpasst und wie sich vor Ihrem geistigen Auge ein der beschriebenen Stimmung gerecht werdendes Bild entwickelt. Beschreiben Sie hierauf das empfundene Bild, finden Sie intuitiv zu einer passenden Auslegung des Orakels.

Gänseblümchen bewahren die Orakelkraft

Die seelenstärkende Kraft der Gänseblümchen lässt sich auch in Verbindung mit dem Zahlenorakel nutzen. Durch die geloste Zahl erhalten Sie einen Spruch, der Stärken und Schwächen beschreibt, die mit der Zahl einhergehen. Je nach Fragestellung sind es mal die positiven, mal die negativen Eigenschaften einer Zahl, die wir uns zu Eigen machen wollen, um einem Geschehen die uns vorteilhafte Stimmung zu verleihen.

Denken Sie beispielsweise an einen Familienzwist, den Sie nach dem Befragen des Gänseblümchen-Orakels klären wollen, und sich dann mithilfe des Zahlenorakels einen geeigneten Tag dafür errechnen. In dieser Weise können Sie den Zeitpunkt bestimmen, der dem Orakel wie Ihren Absichten am besten entspricht. Doch können Sie bis dahin die Kraft des Orakels auch bewahren?

Denn mit dem Lesen des Orakels erfahren wir zwar, was uns zur Seite steht und welche Temperamente wir in uns ansprechen sollten, doch gerät das Gelesene allzu leicht in Vergessenheit. Es begleitet uns nicht, und selbst wenn wir es auch bewusst in der angebrachten Situation erinnern, bleibt es doch meist eine Kopflast, die unser Herz nicht erreicht. Die erwünschte Stimmung mag sich nicht entfalten, und wir vermögen die ausgewählten Temperamente der Zahl nicht auszuspielen.

Stecken Sie sich dagegen die entsprechende Anzahl getrockneter Gänseblümchen zu, etwa in Ihre Hand- oder Brieftasche, tragen Sie einen wirksamen Talisman und mit ihm die passende Stimmung des Orakels mit sich. So lernte ich einmal eine Schweizer Bergbäuerin kennen, die jedes Frühjahr Gänseblümchen pflückte und in ihrer Familienbibel presste. Von diesen Gänseblümchen nähte sie sieben Stück, das war ihre Geburtszahl, in ein Leinensäckchen, das sie stets bei sich trug. Und für besondere Anlässe, zu denen sie die Datumszahl errechnete, steckte sie sich die entsprechende Anzahl an Gänseblümchen hinzu. Durch diese Gänseblümchen trug sie gewissermaßen die Kraft des Orakels mit sich und schuf sich so eine Atmosphäre, durch die die Energien der Zahl präsent waren, ohne dass sie über deren buchstäbliche Bedeutung nachdenken musste.

Die Zahl des Gänseblümchens verrät die Gunst der Stunde

Bei der rechnerischen Ermittlung der Schicksalszahl, wie sie zuvor erläutert wurde, spielt der Zufall nur eine untergeordnete

Rolle. Geburts- und Namenszahl sind festgeschriebene Größen. Nur bei der Datumszahl haben Sie etwas Spielraum, indem sie eine anstehende Entscheidung auf eine Ihnen günstige Zahl verschieben. Insofern bleiben die Temperamente des Orakels auf den karmischen und charakteristischen Hintergrund einer Person beschränkt. Das Orakel sagt Ihnen folglich mehr oder minder nur, wie sich eine Angelegenheit für Sie oder eine befragte Person entwickelt, wenn Sie oder die Person ihr so begegnen, wie es ihrem Wesen entspricht. Wollen Sie jedoch die Gunst der Stunde erfassen und das schicksalhafte Potenzial ausloten, von dem eine Angelegenheit beschienen wird, müssen Sie dem Zufall beim Losen einen Raum geben. Hierdurch erhält das Zahlenorakel eine zusätzliche Dimension.

Befragen Sie beispielsweise das Zahlenorakel in einer Liebesangelegenheit, können Sie Ihre persönlichen Chancen mithilfe Ihrer Namenszahl und der Ereigniszahl deuten. Ihr gemeinsames Geschick beziehungsweise die mögliche Übereinstimmung zwischen Ihrem Partner und Ihnen werden Sie womöglich durch die Verbindung ihrer beiden Namenszahlen und der Ereigniszahl beziehungsweise der Geburtszahlen und der Ereigniszahl ausloten. Durch beide Vorgehensweisen erhalten Sie eine verlässliche Beschreibung davon, wie Sie beide miteinander umgehen und ihre Zweisamkeit gestalten werden. Befragen Sie das Orakel jedoch zusätzlich mit einem vom Zufall bestimmten Los, erfahren Sie auch, was Ihnen vom Schicksal an sich zugedacht wurde. Sie wissen dann, wie Ihre Liebe beschienen ist, und können die ihr entsprechenden Eigenschaften Ihrer Person pflegen und nach außen kehren.

Auch für Winke des Schicksals, wie Sie in einer Angelegenheit am besten vorgehen sollten, wie die Stimmung einer nicht berechenbaren Umgebung auf Sie einwirken wird, eignet sich ein zufallsbestimmtes Los als Ergänzung zum Zahlenorakel.

Mithilfe der Gänseblümchen lässt sich das Zahlenorakel spielend in ein echtes Wahrsageorakel umgestalten. Haben Sie also eine Frage an das Schicksal, die sich nicht berechnen lässt beziehungsweise deren ureigenen Charakter Sie erkunden wollen, gehen Sie hinaus und wählen Sie ein Gänseblümchen aus, das Ihnen besonders angenehm ins Auge fällt. Dieses Blümchen wird Ihnen zum Los, indem Sie es pflücken und nach Hause tragen. Dort ziehen Sie sich an den Ort Ihrer Eingebung zurück und zupfen dem Gänseblümchen über einem Blatt Papier die Blütenblätter ab. Mit einem spitzen Stift oder einer Nadel zählen Sie darauf die Zahl seiner Blütenblätter. Sie werden eine Zahl zwischen 40 und 60 erhalten, aus der Sie die Quersumme ermitteln. Diese vom Zufall bestimmte Zahl verrät Ihnen dann, welche schicksalsformende Kraft auf die befragte Angelegenheit einwirkt. Auch hier behandeln Sie die Null in der Quersumme wie zuvor beschrieben.

Lesen Sie anschließend an Ihrem Kraftort die vollständige Deutung der gefundenen Zahl. Lassen Sie das Gelesene eine Weile auf sich einwirken, ehe Sie mit seiner Auslegung beginnen. Betrachten Sie dazu die Blütenblätter. Sie tragen den Geist des Orakels in sich und werden Ihre Intuition bei der Klärung des Spruches anregen. Haben Sie schließlich eine Antwort auf Ihre Frage gefunden, geben Sie die Blütenblätter in einen Umschlag und bewahren ihn auf. Und wann immer Sie sich mit der gefundenen Zahl in dieser Angelegenheit auseinander setzen, sollten Sie auf den Umschlag zurückgreifen, um den Geist des Orakels erneut zu beleben.

Eine andere Möglichkeit, das Zahlenorakel per »Zufall« zu fordern, haben Sie, wenn Sie die diesem Buch beigelegten 16 Blüten in eine Schale legen und blindlings hineingreifen. Das Orakel liegt dann buchstäblich oder, besser gesagt, abzählbar in Ihrer Hand.

Die **1**

Charakter: Die Eins ist die Sonnenzahl. Sie ist sowohl erwärmend und hitzig wie sengend und verbrennend. So vermag sie einerseits Dinge zu schöpfen und am Leben zu erhalten, andererseits aber auch unbarmherzig zu zerstören. Sie ist die Urzahl, in ihr ist aller Anfang und alles Enden. Strebsamkeit, Führungswille bis hin zur Herrschsucht gehen mit ihr einher. Entsprechend ausgeprägt ist ihr Freiheitsdrang und ihr Wille zur Unabhängigkeit. Fleiß, Zielstrebigkeit und Objektivität zeichnen sie aus. In schwierigen Zeiten verleiht sie Ausdauer und Beharrungsvermögen und wird zur Stütze der Schwachen.

Umstände: Dies ist die Zeit für einen Neuanfang als auch eine Zeit des guten Gelingens. Was lange bedacht, muss jetzt zur Tat werden. Bedenke deine Herkunft und dein Ziel. Der Weg liegt klar vor dir. Zögere nicht. Doch gehe nicht allein um des Weges willen. Blicke in dich, nicht nur das Messbare zählt, auch du hast ein Herz. Lasse es nicht erkalten. Im Licht der Eins darfst du dein tiefstes Sehnen erkennen. Lenke es in den Tag, aber lenke es nicht allein zum Golde hin. Wer den Streit sucht, wird in dir einen unbarmherzigen Gegner haben.

Tat: Ursprünglichkeit. Lebenskraft. Männlichkeit. Tatkraft Logik. Idealismus. Einfallsreichtum. Dynamik. Ehrgeiz. Tapferkeit. Kühnheit. Eigenständigkeit. Verlässlichkeit. Geradlinigkeit. Großzügigkeit. Schutz.

Egoismus. Eitelkeit. Herzlosigkeit. Gedankenlosigkeit. Jähzorn. Sturheit. Streitsucht. Herrschsucht. Maßlosigkeit. Dünkelhaftigkeit. Rechthaberei. Gier und Geiz. Flatterhaftigkeit.

Die 2

Charakter: Die Zwei ist das zweite große Himmelslicht, der Mond. Auch sie birgt nährende und zerstörende Kräfte in sich. Sie ist die gebärende und die hegende Zahl ebenso wie eine verschlingende und alles aufhebende Größe. Sie ist Kommunikation und Widerstreit. Ihr Licht bescheint himmlische Reiche und höllische Tiefen. Sie hebt den Geist in ungeahnte Welten, schafft Traumgespinste und schenkt ihnen Beständigkeit. Sie nimmt das Schwache in sich auf und wandelt es zu neuer Größe. Was sie anschaut, will sich regen. Selbst dem Ungeformten verleiht sie Gestalt. Wo sie wandelt, ist Begegnung.

Umstände: Haste nicht, sondern handle. Du konntest zusammentragen, was notwendig ist. Nun ist die Zeit, das Zerstreute zu einer Einheit zu fügen. Diese Einheit wird dir gleichwohl stets ein Gegenüber sein. Versuche sie darum nicht zu zwingen, willst du nicht zerstören, was in deinem Auge heil ist. Gehst du in das Eine, wirst du dich in einem abgründigen Spiegel erkennen. Die Seiten verkehren sich. In dieser Verkehrung findest du Halt. Sie kann dir aber auch zur Fessel werden. Den Stein aber, den du daraufhin werfen willst, wirst du gegen dich werfen. Dort wo Stille ist, wird dein Herz für dich singen. Verliere dich nicht in seinem Lied.

Tat: Entschlossenheit. Kreativität. Weiblichkeit. Wachheit. Vorstellungskraft. Seelenkraft. Einfühlungsvermögen. Ritterlich-

keit. Harmonie. Diplomatie. Sanftmut. Besonnenheit. Bescheidenheit. Mitleid. Freundschaft. Heiterkeit. Geselligkeit.

Egomanie. Selbstverliebtheit. Gefühlsüberschwang. Harmoniesucht. Verschlossenheit. Melancholie. Destruktion. Antriebsschwäche. Passivität. Unterwürfigkeit. Furchtsamkeit. Launenhaftigkeit. Streitsucht. Rachsucht. Raserei.

Die 3

Charakter: Die Drei ist die Zahl der Dreieinigkeit. Sie trägt den Geist in die Welt. Sie ist das Sehende und das Kündende. Sie beschreibt die Welt und gibt ihr Richtung. So formt sie sich eine Idee von der Welt. Zugleich ist sie der ewig messende Impuls, der Idee und Wirklichkeit zusammenführt. In ihr finden Anstoß und Ausfluss gültige Erfüllung. Und so sucht sie nach Vollendung. Sie will krönen, was sie zusammendenkt, ihm hierdurch Gültigkeit verleihen. Und was sich ihr nicht fügt, will sie verwerfen. Hart ist die Drei zu dem ihr Gegensätzlichen, doch weich erscheint sie dem, der ihrem Streben folgt. Sie will das Große und verabscheut das Niedrige.

Umstände: Aller guten Dinge sind drei. Darum suche nach dem Weg, der links und rechts verbindet. Doch wirst du ihn nur in der Bewegung finden, im Verweilen indes schwindet dir der Horizont. Es ist eine gute Zeit des Beginnens. In diesem Anfang ruht das Ende, der erste Schritt bestimmt das Ziel. Gehe nach außen, ja trete aus dir heraus, zeige dich in Worten und Taten. Doch kehre dein Herz nicht nach außen, man würde es missdeuten. Wer dich erkennen will, blickt dir ins Herz, ohne dass du es zeigst. Du magst verstanden werden, doch du selbst wirst dich nicht verstehen, dafür aber ewig lernen.

Tat: Männlichkeit. Aktiv. Strebsam. Pflichtbewusstsein. Wirklichkeitssinn. Vernunftbestimmt. Vielseitig interessiert. Analytisch. Visionskraft. Idealistisch. Temperamentvoll. Kontaktfreudig. Bindungsfähig. Selbstbewusst.

Egoistisch. Arbeitswütig. Rastlosigkeit. Hochmut. Gefühlsarmut. Selbstherrlichkeit. Geschwätzigkeit. Überkritisch. Fanatismus. Oberflächlichkeit. Launisch. Genusssüchtig. Uneinsichtigkeit. Eigenbrötlerisch. Innere Unzufriedenheit.

Die **4**

Charakter: Die Vier ist die Zahl der Vollendung. Sie setzt in die Welt, was zur Welt will. Sie ist die Erde, aus der wächst, was in sie eingegangen ist. Sie ist Reichtum, Fülle, Zerfall und Niedergang, will sie doch ewige Wiederkehr. Was sie einreißt, lässt sie wieder erstehen, erhöht es zur Blüte, um sich von ihm abzuwenden. Denn in ihr ist der Wille, der gedachten Form ideale Gestalt zu schenken. Und so ist sie rastlos, rastlos selbst in der Muße. Unermüdlich sucht sie zu binden, was ihr entfleucht. Sie sucht den Gleichklang im Wechsel. Also wandelt sie sich, um stets die Gleiche zu sein. Ihre Kraft scheint unerschöpflich.

Umstände: Diese Zeit duldet keinen Müßiggang. Von ungestümer Kraft wirst du ergriffen und in den Wind gestellt. Du wirst den Winden Einhalt gebieten, und sie werden deinem Atem folgen. Sieh also hin, worüber dein Atem streicht, er ist eine belebende Kraft. Doch was du weckst, sollst du auch beherrschen, willst du nicht Wüsteneien schaffen. Finde also den Takt, in dem die Herzen schlagen, auf dass dein Herz nicht friert. Träume nicht von Fülle, wenn du auf Sand stehst, und beklage nicht die Dürre, wenn du auf satten Wiesen lagerst.

Tat: Weiblichkeit. Willensstärke. Durchsetzungskraft. Schaffenskraft. Schöpferwille. Gestaltungstrieb. Verlässlichkeit. Wirklichkeitssinn. Eingebung. Ideenreichtum. Eigenwilligkeit. Offenheit. Bedachtsamkeit. Liebesfähigkeit.

Eigensinn. Hartnäckigkeit. Sturheit. Streitsucht. Herrschsucht. Widerborstigkeit. Boshaftigkeit. Schwermut. Passivität.
Weltentfremdung. Irrationalität. Gefühlsüberschwang. Intrigen-
reich. Lügen. Feindsinnig. Zügellosigkeit.

Die 5

Charakter: Die Fünf ist die Quintessenz. Allein sich zur Freude
will sie das Gegebene erhöhen. Sie will der Kristall sein, der die
Sonne überstrahlt. Um das Unbelebte zu beleben, bettet sie
Sonne und Mond auf Erden. So schöpft sie tagtäglich neue Formen, um das Höchste zu offenbaren und ihm zu huldigen. Doch
nicht für sich ist sie in Bewegung, sondern für die Weite, in der
sie wurzelt. So unverwurzelt weiß sie um die Zeitlosigkeit, die
der Endlichkeit beschieden ist. Der Augenblick ist ihre Sphäre.
In ihm schafft sie, was sie überdauert. Sie greift dem Rad in die
Speichen, um es zu halten und zu bewegen. In ihrem Auge
leuchten tausend neue Welten.

Umstände: Diese Zeit will Versöhnung, denn dich drängt es zur
Gemeinsamkeit. Die kleinen Selbstbefindlichkeiten sind ver-
weht. Wahrheiten willst du im Umfassenden entdecken. Dich
berührt ein Geist, der nicht der deine ist. Und doch scheint er
dir vertraut. Dein Atem streift die Sterne, und du siehst mit
neuen Augen. In diesem Sehen ruht großes Schaffen. Das Halbe und Verschwiegene will sich zur Wahrheit formen. Mit deinen Sinnen sollst du diese Formen gießen. Und so bricht aus dir,

was alte Dämme gängelten. Die Tore reißen ein und das Land wird überschwemmt. Fruchtbarer Schlamm spült auf die Äcker.

Tat: Freiheitsdrang. Menschenkenntnis. Anziehungskraft. Kontaktfreudig. Temperament. Sprachbegabung. Versöhnungswille. Verständnis. Hoffnungsstärke. Kreativität. Beweglichkeit. Geschäftstüchtigkeit. Offenheit. Sensibilität. Idealistisch.

Unbeständigkeit. Rastlosigkeit. Impulsiv. Rücksichtslosigkeit. Gereiztheit. Jähzorn. Launisch. Herrschsucht. Versponnen. Doppelzüngig. Genusssucht. Maßlosigkeit. Grübelsucht.

Die 6

Charakter: Die Sechs ist die Zahl der Vollkommenheit. Sie adelt, was dem Geist entspringt und Form annimmt. Sie hebt das eine unter dem vielen empor. Was sie erwählt, ist Schönheit an sich. Und sie wählt die Schönheit, da sie ihr Symbol für die Weisheit ist, die sie sucht. Im luftigen Geist findet sie jene Festigkeit, die sie auf festem Grund vermisst. Nicht das Fassbare, sondern das Unfassbare ist ihr Wirklichkeit und Heimat. Am Grunde verliert sie ihre Leichtigkeit. Hier ist ihr jede unbedachte Regung Last. Der Grund muss in sich gründen. Er hat der Gestalt erkennbar Ziel zu leihen, so wie das Ziel ihm Festigkeit. Ihr Geist durchwirkt die Dichte, um ihrer Ursprünglichkeit willen.

Umstände: Lüfte den Vorhang, denn du musst sehen, was du nicht siehst. Und so wandelst du durch immer neue Räume, um zu suchen, was dir doch so nahe ist. Wendest du dich dem Grunde zu, findet dein Suchen ein Ende. Gleichwohl wird dieses Ende zum Ausgang neuen Suchens werden. Blickst du auf deinen Nächsten, um seinen Grund zu messen, hat dein Suchen

Ziel. Erkannte Schründe zu füllen wird dir dabei zur Aufgabe. Nur vergiss dich dabei nicht, denn die Schönheit der Welt will von dir genossen werden, weiß sie doch, dass nur du sie wirklich zu kosten verstehst.

Tat: Selbstlosigkeit. Zuverlässigkeit. Charme. Idealismus. Schönheitssinn. Friedfertigkeit. Harmonie. Bescheidenheit. Treue. Zielstrebigkeit. Nachdenklichkeit. Moral. Verantwortung. Gerechtigkeitssinn. Sinnsuche. Fürsorge.

Hochnäsigkeit. Prahlsucht. Hinterlist. Unbeweglichkeit. Rückwärtsgewandtheit. Weltfremdheit. Verträumtheit. Maßlosigkeit. Eifersucht. Zügellosigkeit. Aufdringlichkeit. Redseligkeit.

Die 7

Charakter: Die Sieben ist die Zahl der bewegten Himmelslichter. Sie kündet von sieben Himmeln, sieben Tugenden und sieben Todsünden. Weil sie heiligen will, verweist sie auf das Unheilige. In ihrem Licht wirft alles irdische lange Schatten. Die Schatten aber werden Nacht. Sie versucht zu erhellen, was sich ihrem Licht verbirgt. Hierdurch aber eint sie, was in zwei Reiche zu fallen droht. Denn ihr Licht schöpft die Dunkelheit sich selbst zum Zweck. Steigt sie nicht aus den Himmeln nieder, wird sie sich einsam selbst genügen. Sinkt sie in die Nacht, erhellt sich ihr indes, was ihr am Tag verborgen bleibt. Licht und Schatten vermischen sich, der Zeck verliert sich und es ist ein Scheinen.

Umstände: Nachdenklich stürzt du in die eigene Falle. Nur im reinen Schauen wirst du erkennen, was du vor dich stellst. Schiebe es jedoch nicht beiseite, sonst wird es sich festigen. Übst du dich hingegen im Hinwegschauen, darfst du hinter die Dinge blicken. Doch belasse es nicht nur beim Sehen. Folgt deinem Blick keine Tat, wirst du nur einsam die Welt betrachten. Doch die Welt will nicht nur gesehen, sondern auch erfasst werden. Hierfür aber musst du dich gesellen. Nur dann wachsen dir Hände zu, die dir reichen, was die Welt erhellt. Öffne deine Sinne, denn was dir gegeben wird, will von dir genossen werden.

Tat: Freiheitsdrang. Unabhängigkeit. Nachdenklichkeit. Gottessuche. Intelligenz. Hellsichtigkeit. Kreativität. Großzügigkeit. Streitbar. Schöngeistig. Originell. Aufopfernd. Solidarisch. Tolerant. Lehrbegabung.
Eigenbrötelei. Weltverschlossenheit. Einsamkeit. Pessimistisch. Unglücksselig. Unentschlossenheit. Innerer Widerstreit. Kritiksucht. Höhnisch. Grübelsucht. Maßlosigkeit. Haltlosigkeit. Fanatismus. Rechthaberei. Rachsüchtig.

Die 8

Charakter: Die Acht ist die Bewahrerin des Geistes und somit eine Seelen heilende Kraft. Sie richtet auf und festigt wieder, was aus dem Lot geraten ist, denn sie trägt eine Idee des Idealen in sich, der sie sich verpflichtet. Diese Idee ist indes nicht ihre Vorstellung, sondern entsteht aus dem Erahnen einer allumfassenden Ordnung. Sie will die Pflegerin dieser Ordnung in der Unordnung sein. Also fügt sie dem Bestehenden das Ergänzende hinzu. Das Unscheinbare rückt sie ins Licht, und dem vom Licht Beschienenen verleiht sie durch Schattierung zusätzliche Prägnanz. Den Körper dem Geist entgegen zu formen, ist ihr erstes Ziel. Dabei wird ihr zum Feind, wer sich ihrem heilenden Wirken widersetzt.

Umstände: Du suchst die Stille und findest die Einsamkeit. Dazu musst du nicht in die Wüste, sondern nur unter Menschen gehen. Dabei ist das Maß, mit dem du andere misst, oft an dir selbst zu groß. Du magst an einem großen Holz schneller ranken, doch dafür werden dich die Stürme stutzen. Spare dir diese Lehre, indem du dich umblickst. Im Ungenügenden darfst du dich selbst erkennen. So besehen findest du das Maß, das dich über die Wipfel hebt und dich einträchtig mit dem Gehölz in gutem Boden wurzeln lässt. Und wenn du merkst, dass Einsamkeit nicht Stille ist, magst du finden, was dich ruhen lässt.

Tat: Autorität. Führungswille. Weisheit. Heilkraft. Nachdenklichkeit. Eingebung. Beweglichkeit. Ideenreichtum. Schaffenskraft. Fleiß. Energisch. Organisationstalent. Optimismus. Zielbewusst. Vorausschauend. Umsichtig. Lauterkeit. Treue.

Arbeitswut. Ungeduld. Überheblichkeit. Kompromisslosigkeit. Verständnislosigkeit. Kritiksucht. Fanatismus. Feindseligkeit. Streitsucht. Herrschsucht. Zerstörungswut. Rachsucht. Herzlosigkeit. Traurigkeit. Eigenbrötelei. Flatterhaftigkeit.

Die 9

Charakter: Die Neun ist die Vollendung. Sie will alles zum Guten wenden, Geist und Stoff miteinander versöhnen. Sie blickt weniger auf das Einzelne als auf das Ganze. Im Ganzen aber sieht sie auch das Einzelne. Ihr Blick ist unbestechlich, und doch sieht sie mit eigenen Augen. So formt sie sich die Welt nach ihrem Bilde. Da sie eine heile Welt will, sieht sie über vieles hinweg. Weiß sie um diese Unzulänglichkeit, blickt sie in den Himmel und belässt das Widerstrebende nebeneinander. Verleugnet sie indes diese Unzulänglichkeit, blickt sie in die Schriften und zwingt zusammen, was auseinander strebt. So mag sie einerseits heilen und andererseits trennen. Lässt sie aber durch sich blicken, wird sie ihren Weg erkennen und ihrer Pflicht gerecht werden.

Umstände: Schau nicht nach vorn, solange du den Kreis noch nicht geschlossen hast. Im Naheliegenden ist aller Inhalt. Weichst du dem aus, wirst du den Krug zerschlagen. Suche auch nicht nach der goldenen Spange, um dein Werk zu schließen, sondern nach einem festen Strick. Solcherart Beenden kann dir ohne Ende sein. Nimmst du es hin, magst du errichten, was anderen unmöglich ist. Bleibst du indes ungeduldig, musst du dich selbst enttäuschen, um dich erneut zu täuschen. In jedem Tun sind zwei Fälle. Lerne, auf die rechte Art zu zweifeln.

Tat: Selbstbewusst. Beherztheit. Menschlichkeit. Hilfsbereit. Edelmut. Treue. Familienbewusst. Charme. Liebevoll. Großherzigkeit. Empfindsamkeit. Leidenschaftlich. Idealistisch. Intuition. Übersinnlichkeit. Gesellig. Wissbegierig. Verständnisvoll.

Egozentrisch. Wankelmut. Nachlässigkeit. Leichtfertigkeit. Verträumt. Leicht zu täuschen. Übereifer. Hartherzigkeit. Spottsucht. Jähzorn. Ungeduld. Intoleranz. Tollkühnheit.

Kartenorakel

Schicksalhafte Tableaus

Seit dem 14. Jahrhundert sind Spielkarten zu einem festen Bestandteil unserer Kultur geworden. Und mit ihrem ersten Aufscheinen wurden die Karten nicht nur zum Spiel, sondern auch zur Erhellung der Zukunft gemischt. Schließlich waren die ersten Kartenspiele, die man sich für die bunten Blätter ausdachte, waghalsige Glücksspiele. Folglich lag es für jeden Kartenspieler auf der Hand, dass mit den Karten auch ein Wink des Schicksals auf den Tisch geblättert wurde. Diese Sichtweise hat sich im Grunde bis heute nicht verändert, auch wenn derzeit, sobald man vom Kartenlegen spricht, überwiegend an Tarotkarten gedacht wird.

Die Tarotkarten in der heute bekannten, durchweg bebilderten Form, entstanden gegen Ende des 18. Jahrhunderts aus dem Tarock, wie dieses Spiel hierzulande ursprünglich bezeichnet wurde. Im Lauf des vergangenen Jahrhunderts geriet das Tarocken als Kartenspiel allmählich in Vergessenheit und besitzt heute nur noch regionale Bedeutung. Derweil wurde den Tarockkarten in ihrem Wandel zum »Tarot« mehr und mehr eine besondere mystische Bedeutung unterlegt. Manche sehen in ihnen gar eine geheime Hinterlassenschaft der alten Ägypter, die sich nur dem Eingeweihten erschließt. Dabei wurden zum Kartenschlagen zu allen Zeiten mit besonderer Vorliebe gewöhnliche Spielkarten verwendet. Sie waren zum einen verbreiteter als das Tarot und somit für jedermann habbar, zum anderen aber wähnte man sie wegen ihrer Gewöhnlichkeit dem Leben und somit dem Schicksal enger verbunden.

Anknüpfend an diese traditionelle Auffassung wurde für dieses Kartenorakel bewusst auf die herkömmlichen Spielkarten zurückgegriffen. Unsere Spielkarten besitzen heute gerade wegen ihres gewöhnlichen Bildes in der Orakelkunst jene mysteriöse Aura, die lange Zeit mit dem Tarot verknüpft wurde. Schließlich bewahren sie hinter ihrer Gewöhnlichkeit ein Geheimnis, das sich nicht so ohne weiteres erschließt, weshalb es auch einiger Übung bedarf, um flüssig aus diesen Karten zu lesen. Abhilfe versprechen indes gegen Ende des 19. Jahrhunderts aufgekommene, speziell illustrierte Wahrsagekarten, die wegen ihrer Bildhaftigkeit von jedermann leicht gelesen werden können. Bei diesen Karten wird jedoch gänzlich auf den Bezug zur Spielkarte verzichtet. Einen Mittelweg bieten Wahrsagekarten, die sowohl die Bilder der herkömmlichen Spielkarten zeigen als auch eine symbolhafte Darstellung des grundlegenden Temperamentes, das heißt der ihr zugewiesenen wahrsagerischen Bedeutung. Dieserart kombinierte Karten erleichtern dem Anfänger das Kartenlegen und das dauerhafte Erlernen der Charaktere der einzelnen Karten. Gleichzeitig knüpfen die Illustrationen in ihrer romantisierenden Darstellung einen Bogen zum bestimmenden Medium dieser Schrift, dem Gänseblümchen, wodurch ein solches Kartenorakel hintergründig auch von dessen symbolischer Kraft durchwirkt wird.

Greifen Sie zu einem alltäglichen Kartenspiel, um den Fügungen des Schicksals nachzuspüren, bedienen Sie sich sowohl eines uralten als auch eines extravaganten Orakels. Gleichzeitig rücken Sie aufgrund der Gewöhnlichkeit des Mediums dem unmittelbaren Lebenskreis der befragten Person in symbolischer Weise sehr nahe. Hierdurch erfährt das metaphysische Spiel von Eingebung und Ahnung zuverlässige Signale sowie besonders erhellende Anregung. Sie locken mit dem Medium Spielkarte das Verborgene hervor und provozieren zugleich klärende Impulse. Es ist ein Wechselspiel zwischen dem Möglichen und dem Gewollten, das sich so durch die Karten offenbart und sie deswegen zu einem hervorragenden Instrument der Entscheidungshilfe macht. In Verbindung mit einem inspirierenden Orakel oder dem Gänseblümchen-Orakel wird dieser Effekt noch verstärkt. Verknüpfen Sie zwei Orakel, schaffen Sie sich mit dem jeweils hinzugewählten Orakel die Möglichkeit, die Prognose aus einer zweiten Sicht vertiefend zu hinterfragen.

So lässt sich das Kartenorakel befragen

Die Möglichkeiten, mit Spielkarten die Zukunft zu erhellen, sind aus der Tradition des Kartenlegens heraus heute äußerst mannigfaltig. So hat man bereits bei der Auswahl des Kartenpackens die Qual der Wahl. Mag der eine zu einem Blatt mit 52 Karten mal mit oder ohne Joker greifen, verwendet ein anderer ein Blatt mit 36 oder 32 Karten. Weit vielfältiger, ja geradezu willkürlich, sind die sich ergebenden Möglichkeiten der Losung und Befragung mithilfe ausgelegter Kartentableaus. Je nach Zweck und Umfang der Prognose können diese Tableaus sehr großflächig und kompliziert gestaltet sein.

Bei der Auswahl des hier vorgestellten Kartenorakels mit seinen 36 Karten und seinem klaren Tableau habe ich darauf geachtet, Ihnen ein Orakel vorzustellen, das überschaubar ist und trotzdem eine hintergründige Schicksalserkundung zulässt. Legen Sie sich oder Ihren Freunden dieses Orakel häufiger, wird Ihnen die Bedeutung der Karten bald so weit geläufig sein, dass Sie das Tableau, auch ohne nachzuschlagen, lesen können. Hierdurch erhält dieses Kartenorakel dann erst seinen eigenen geheimnisvollen Reiz. Spricht doch dieses »freie« Kartenlesen Ihre Eingebung in besonderem Maße an, wodurch sich Ihnen jene erweiterte mystische Ebene der Kartenbilder erschließt. Hierdurch wird Ihr Blick tiefer. Sie lesen wie in einem offenen Buch. Ihre Deutung wird feinsinniger und treffender. Solchermaßen lesen Sie das Orakel von Mal zu Mal mehr mit einem klaren Gespür für das Übersinnliche. Ja, Sie werden bemerken, dass Sie das Orakel mit allen Sinnen erkunden, das bedeutet, Sie werden während einer Sitzung das Künftige gewissermaßen hören, sehen, riechen, schmecken und auch körperlich spüren. Diese Sinnlichkeit für das Übersinnliche wird Sie daraufhin auch in Ihren Alltag hinein begleiten und Ihnen in der Tat zu einem sechsten Sinn werden. Ihre Vorahnungen verlieren das Unbestimmte und erfahren dafür Gehalt und Klarsichtigkeit. In dieser Weise werden Sie Ihren Mitmenschen buchstäblich sinnlich überlegen.

Die Karten

Für dieses Orakel benötigen Sie ein handelsübliches Kartenspiel mit 36 Blatt. Verwenden Sie ein bestehendes großes Kartendeck mit 52 Blatt, sortieren Sie die Karten mit den Werten 2, 3, 4 und 5 heraus. Die Karten dürfen gebraucht sein, sollten aber nicht durch Knicke oder Einrisse gezinkt sein. Wollen Sie sich häufiger die Karten legen, sollten Sie sich hierfür ein eigenes Kartenspiel reservieren. Es nimmt so über die Zeit etwas vom Hauch des Übersinnlichen in sich auf. Davon sind jedenfalls viele professionelle Wahrsagerinnen felsenfest überzeugt.

So kenne ich eine Wahrsagerin, die mit drei verschiedenen Kartenspielen die Karten legt. Alle drei Kartenspiele sehen recht abgenutzt und speckig aus. Dafür sind ihre Prognosen äußerst zuverlässig, was ihr auch einen treuen Kundenstamm beschert. Ersetzt diese Wahrsagerin schließlich doch eines ihrer Kartenspiele, so sieht dies bereits ebenso abgeschabt wie die anderen Spiele aus. Hält sie doch nur solche Spiele für ihre Kundschaft geeignet, mit denen sie sich wenigstens ein Vierteljahr lang die Karten selbst gelegt hat.

Der richtige Platz begünstigt die Sicht

Grundsätzlich lassen sich die Karten zu jeder Zeit an jedem Ort legen. Allerdings wird das Orakel und mit ihm Ihre Hellsicht präziser, sobald Sie das Orakel stets wiederkehrend am selben Ort zur gleichen Zeit befragen. Nicht ohne Grund richteten sich unsere Altvorderen spezielle Orakelstätten ein. Ebenso wie die Karten lädt sich auch die gewohnte Örtlichkeit mit der Kraft des Übersinnlichen auf. Und sollten Sie einmal die Gelegenheit haben, professionelle Kartenleger zu beobachten, die außerhalb ihrer vier Wände Karten legen, werden Sie bemerken, dass die meisten von ihnen ihre Karten beharrlich auf ein und dasselbe Tuch legen. Ein solches Tuch ist für sie praktisch die Anbindung an ihre gewohnte Umgebung, die sie in dieser Weise mit sich tragen.

Legen Sie sich gleichfalls ein Tuch zu, auf das Sie Ihre Karten legen. Als Farbe empfiehlt sich Purpur, die königliche Farbe, oder Burgunderrot, die Farbe der Seher. Das Tuch sollte wenigstens zwei Handspannen im Quadrat messen. Stellen Sie dazu eine brennende Kerze zu Ihrer Rechten und eine Schale Wasser zu Ihrer Linken; Sie schließen damit den Kreis der Elemente und schirmen Ihre Orakelstätte ab. Räucherwerk und Ihnen angenehme Musik sorgen darüber hinaus für die passende Atmosphäre und Ihr sechster Sinn belebt sich.

Die Karten befragen und mischen

Haben Sie sich an Ihre Orakelstätte begeben, legen Sie die Karten auf das Tuch vor sich, nehmen einen Schluck Tee und lassen die Atmosphäre der Erwartung für einen Moment still auf sich wirken. Greifen Sie dann zu den Karten und mischen Sie sie mit beiden Händen langsam durch. Dabei bedenken Sie Ihre Frage. Betrachten Sie Ihre Frage von verschiedenen Seiten und sprechen Sie sie schließlich laut aus. Legen Sie nun den Kartenpacken mit der linken Hand vor sich und heben Sie einen Teil der Karten zu Ihrem Herzen hin ab. Den aufgedeckten Stoß legen Sie auf den abgehobenen Stapel. Hierauf können Sie vom Kartenpacken die Karten ziehen, die Sie für Ihr Orakel benötigen.

Fragen und mischen geht somit beim Kartenschlagen Hand in Hand. Es ist ein Prozess, in dem Sie das Orakel anrufen, aber auch gleichzeitig formend erschaffen. Nur in dieser kurzen Weile knüpfen Sie den Kontakt zum Übersinnlichen, lassen es in die Karten greifen. Und je tiefer es Ihnen gelingt, diese Verbindung herzustellen, umso klarer wird die Botschaft sein, die Ihnen das Orakel zukommen lässt. Das anschließende Legen der Karten ist somit nur noch die Dokumentation dieses geheimnisvollen Geschehens. Aus diesem Grund ist es von besonderer Bedeutung, dass Sie das kleine Ritual der Vorbereitung mit Andacht pflegen.

Diese Pflege des Rituals ist zugleich eine Einstimmung auf die anschließende Deutung der gelegten Karten. Denn hier ist wieder Ihre Intuition gefordert. Schließlich verrät die schlichte festgelegte Bedeutung der Karten nur einen Bruchteil des eigentlichen Orakels. Sofern Sie es jedoch verstehen, zwischen den Karten zu lesen und unterschwellige und hintergründige Verknüpfungen zu erkennen, gewinnen Sie einen Zugang zum Übersinnlichen, blicken durch das Tor der Gegenwart auf den Schicksalspfad und erkennen ihn klar in seiner Festlegung und Veränderlichkeit. In dieser Weise werden Sie das Bild einer Sitzung als eine innere Wirklichkeit behalten und sich über den Tag hinaus in dem gelegten Orakel eine hilfreiche Weisung bewahren.

Legen Sie die Karten für eine andere Person, lassen Sie die Karten von dieser mischen und mit der Linken zum Herzen hin abheben. Gleichwohl behalten Sie als Deuter den Schlüssel zum Übersinnlichen in der Hand. Deshalb sollten Sie sich beim Mischen auch als Begleiter der anderen Person verstehen. Sprechen Sie mit ihr über ihr Anliegen und regen Sie sie dazu an, ihre Frage in Hinblick auf die Umstände zu präzisieren. In dieser Weise schließen Sie gemeinsam mit Ihrem Gegenüber den verborgenen Raum des Künftigen auf, auf dass das Kommende aus ihm heraus mit seinem Hauch die Karten berührt.

Das Orakel spricht

Mit dem Auslegen der Karten geben Sie dem Orakel eine Stimme. Gehen Sie dabei ebenfalls bedächtig vor und lassen jede aufgedeckte Karte erst einmal auf sich wirken, ehe Sie die nächste ziehen. Hierdurch erfassen Sie bereits intuitiv seine Bedeutung und erleichtern sich die anschließende Deutung. Durch die Betrachtung erkennen Sie das Orakel mit Ihrem geistigen Auge in seiner umfassenden Bedeutung. Dies ist eine Erkenntnis, die weit über die anschließende gesprochene Deutung hinausreicht. Lassen Sie sich jedoch nicht durch die empfundene Divergenz zwischen Sicht und Deutung beunruhigen; sie wird als Spannungsbogen Ihr Wirken stets begleiten und ist die eigentliche schöpferische Herausforderung, der Sie sich bald gern immer wieder neu stellen wollen. Schließlich ist es diese empfundene Spannung, die Ihre Intuition anregt und Ihnen im Alltag als verlässliche Ahnung zur Seite steht.

Die einfachste Methode, die Karten zu befragen, besteht darin, nur eine Karte zu ziehen. Dies ist die ursprünglichste Art, sich ein Kartenorakel zu stellen. Nachdem Sie die Karten gemischt und dabei Ihre Frage gestellt haben, breiten Sie die Karten vor sich zu einem Fächer aus. Die Kartenrückseiten weisen nach oben. Danach wandern Sie mit Ring- und kleinem Finger Ihrer linken Hand, Ihrem schönen und Ihrem mystischen Finger, über die Karten und wählen sich dabei eine Karte aus. Je mehr Sie sich dabei von Ihrem Gefühl leiten lassen, umso deutlicher wird das Orakel ausfallen. Haben Sie eine Karte gewählt, ziehen Sie sie aus dem Fächer und schlagen dann den ihr zugeschriebenen Orakelspruch nach.

Zwei weitere Arten, die Karten zu legen und zu befragen, werden Ihnen nachstehend vorgestellt:

Die perlende Befragung. Bei dieser Fragetechnik wird der freigelegte Packen Karten wie eine Schnur Perlen behandelt, von der Sie eine Perle nach der anderen in Ihre Hand gleiten lassen, um ihre Schönheit zu betrachten und zu ertasten.

Sie haben Ihre Frage gestellt und die erste Karte vom freigelegten Packen vor sich auf das Tuch gelegt. Mit dieser Karte erhalten Sie zwar eine handfeste Antwort auf Ihre Frage, häufig ist es aber so, dass eine Antwort weitere Fragen aufwirft. Dies liegt zum Teil auch daran, dass wir uns mit unseren Fragen gern zurückhalten, um die Stimmung des Schicksals zunächst auszuloten. Mit der ersten Karte aber erwacht dann meist nicht nur unsere Neugier, sondern auch unsere Überlegungen zum befragten Sachverhalt erfahren Schärfe, und wir wünschen uns auf ergänzende Fragen weitere Antworten.

Wollen Sie mögliche Hintergründe Ihrer Frage klären, ziehen Sie zunächst die Karte »Beschwernis«. Es ist die unterste Karte des abgehobenen Kartenpackens, die Karte, die zuvor über der ausgelegten Karte lag, daher auch ihr Name. Diese Karte verrät Ihnen die äußeren Umstände, die Ihr befragtes Vorhaben in dienlicher oder hinderlicher Weise begleiten.

Haben Sie danach eine weitere Frage an den Lauf des künftigen Geschehens, formulieren Sie sie laut und ziehen vom freigelegten Packen wiederum die oberste Karte ab. In dieser Weise können Sie mehrere Fragen hintereinander stellen. Zu jeder Frage ziehen Sie eine weitere Karte vom Stoß. Allerdings kommt solches Hinterfragen auch zu einem Ende. Denn sobald sich die Farbe der zuerst gezogenen Karte wiederholt, ist das Orakel gesperrt.

Ein Beispiel: Als erste Karte haben Sie eine Herz-Sieben aufgedeckt. Als Karte Beschwernis haben Sie eine Herz-Dame gezogen. Dies ist zwar die gleiche Farbe wie die zuerst gezogene Karte, sie sperrt aber das Orakel noch nicht, da sie nicht vom freigelegten Talon stammt. Erst wenn Sie von diesem, also von oben weg, eine Herz-Karte ziehen, ist das Orakel zu Ende. Wollen Sie danach das Orakel weiter befragen, werfen Sie alle Karten zusammen, um sich mit erneutem Mischen ein neues Orakel zu legen.

Das französische Kreuz. Dies ist eine einfache Legemethode, die wegen ihrer Schlichtheit, mit der sie Antworten auf gestellte Fragen gibt, allgemein beliebt ist. Das Orakel bleibt überschaubar und ist daher ohne Auslassungen und Nachlässigkeiten deutbar. Ein Nachfragen durch gesondert gezogene Karten ist bei diesem Orakel nicht vorgesehen. Allenfalls dürfen Sie in Zweifelsfällen zum Ende Ihrer Deutung die zuvor beschriebene Karte Beschwernis ziehen, um die Grundstimmung, unter der der Schicksalsspruch insgesamt steht, zu vertiefen.

Nach dem Mischen und Abheben ziehen Sie nacheinander fünf Karten vom freigelegten Packen und legen sie, entsprechend der Abbildung, in der nummerierten Reihenfolge auf das Tuch. Die Karte Nummer 2 liegt Ihnen am nächsten.

Anschließend beginnen Sie mit der Deutung. Hierzu lassen Sie zunächst das Bild des ausgelegten Tableaus auf sich wirken. Alsdann deuten Sie die Karten in Zusammenhang mit der gestellten Frage. Folgen Sie hierbei der gelegten Reihenfolge:

- Die erste Karte zeigt Ihre Einstellung zu der befragten Angelegenheit und legt dar, welche Umstände Sie stützen beziehungsweise Ihnen insgesamt hinderlich sein könnten.
- Die zweite Karte weist auf die Vergangenheit. Sie verrät Ihnen somit etwas über den auf die Angelegenheit einwirkenden Hintergrund und das, was in diesem Zusammenhang unmittelbar anliegt.
- Die dritte Karte erhellt die unmittelbare Zukunft. Sie zeigt Ihnen also, mit was Sie zu rechnen haben, vor was Sie sich wappnen müssen und welche Mittel Ihre Angelegenheit befördern.
- Die vierte Karte beschreibt die Notwendigkeiten. In ihr erkennen Sie, welche Stationen Sie nehmen müssen, um Ihr Ziel zu erreichen und das Erreichte zu bewahren.
- Die fünfte Karte erhellt die langfristigen Perspektiven. In ihr sehen Sie, wohin Sie der Weg führt, auf den Sie sich einlassen, und welche Fragen dann möglicherweise auf Sie zukommen werden.

Zu Beginn werden Sie die Karten einzeln entsprechend Ihrer Lage deuten. Haben Sie schließlich alle Karten in ihrer Reihenfolge besprochen, sollten Sie die einzelnen Aussagen miteinander verknüpfen und gegeneinander abwägen, um zu einem abschließenden Bild zu gelangen. Erinnern Sie sich bei dieser zusammenfassenden Sicht an den anfänglichen Eindruck, den das Tableau auf Sie gemacht hat. So knüpfen Sie an Ihre ursprüngliche Eingebung an und beflügeln dementsprechend Ihren sechsten Sinn.

Was die Karten sagen

Auf den folgenden Seiten wird die Bedeutung der 36 Karten für das Kartenorakel beschrieben. Jede Karte hat dabei ein mehr

oder minder zwiespältiges Temperament, was heißt, dass sie Licht- und Schattenseiten aufzeigt. Die eine Karte mag dabei mehr Licht und weniger Schatten werfen, bei einer anderen kann dies umgekehrt sein. Die für das Orakel vorrangige Qualität herauszufinden, ist zum einen fraglos eine Frage der Intuition, zum anderen aber auch eine Bewertung der Karte in Verbindung mit den anderen gezogenen Karten. Scheuen Sie sich deshalb nicht, Widersprüchliches auszusprechen, häufig ist es gerade die Deutung dieser Widersprüche, die dem Orakel Gehalt verleiht und Ihnen selbst verblüffende Einsichten vermittelt und mögliche Lösungen aufzeigt. Insbesondere dann, wenn Sie sich bescheiden und nur eine Karte zu einem Problem ziehen, erzeugt eine auf den ersten Blick verwirrende Unstimmigkeit jene Spannung, die Ihren sechsten Sinn anspricht und Sie zu einer treffenden Ausdeutung beflügelt.

Die nachstehende Kartenbeschreibung folgt einem durchgängigen Muster. Zunächst ist die Tendenz der Karte beschrieben. Hier finden Sie Ereignisse und Qualitäten, die mit der Karte vorrangig angekündigt werden. Anschließend folgt der Orakelspruch. Er verdeutlicht die Grundstimmung der Karte und zeigt zugleich eine eigene Qualität auf. Der Orakelspruch ist insbesondere bei der Losung einzelner Karten von Bedeutung. Die Zeilen des letzten Absatzes der Beschreibung liefern Ihnen eine Aussage zu Herzensangelegenheiten.

Kreuz

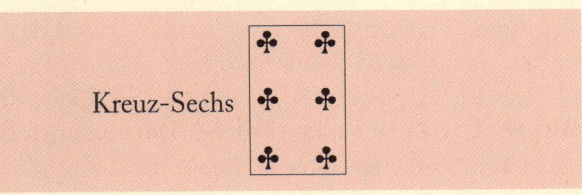

Kreuz-Sechs

Tendenz: Liebe erfüllt sich. Annehmlichkeiten stellen sich ein. Galliger Argwohn und schwindendes Vertrauen greifen um sich. Gutes wird übersehen.

Spruch: Warum bemühst du das Orakel, wenn du keine Antwort suchst? Was soll es dir künden? Dass es anders kommt, als du denkst? Dass du trotzdem vom Glück beschienen sein wirst? Stelle dich auf das Schlimmste ein und dich wird das Beste überraschen. Erwartest du hingegen das Beste, wird man dich das Grausen lehren. Also suche die Abwechslung; das Schicksal wird dich unverhofft in die richtige Richtung stoßen. Dabei kann es dich auch gehörig knuffen. Zeit, diese Wunden zu lecken, bleibt dir jedoch nicht. Bleibe leichtfüßig!

Gehst du auf Freiersfüßen, schreitest du über Rosen. Suche die Zweisamkeit mit deinem Schatz, damit er dir nicht entfleucht.

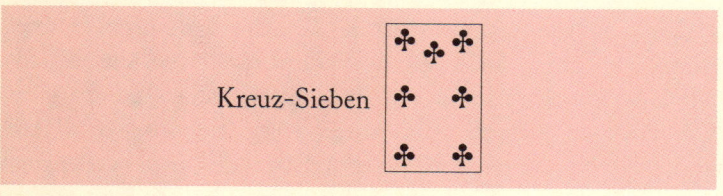

Kreuz-Sieben

Tendenz: Ein Eichenkranz winkt. Erfreulicher Zuwachs. Kleines Geld. Unverhoffte Neuigkeiten. Traurige Tage. Die Sorgen bleiben. Feinde lauern.

Spruch: Nein, Gutes wird dir nicht versprochen. Richte dich auf Streit ein und halte das Messer bereit, um das Tischtuch zu zerschneiden. Wer den Schnitt zuerst führt, wird den Nutzen daraus haben. Zögerst du, wird es dich teuer zu stehen kommen. Doch halte dich nicht mit jeder Sorge auf. Blicke auf die schweren Brocken. Kannst du sie jetzt zur Seite rücken, musst du nicht lange Trauer tragen. Achte nicht auf den Rat der anderen.

Die Liebe schützt die Liebenden. Bist du allein, hast du Zeit zum Nachdenken. Im Kreise der Freunde findest du Anerkennung und erhaschst einen tiefen Blick. Lass dich trösten!

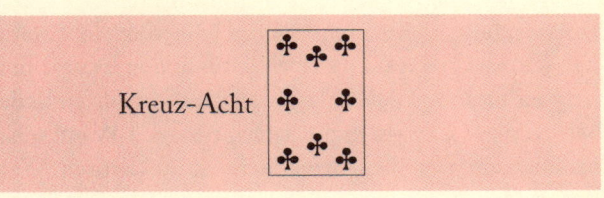

Kreuz-Acht

Tendenz: Geschäfte verbessern sich. Eine Reise steht an. Neues drängt sich auf. Lähmende Missverständnisse. Treulosigkeit. Eine dunkle Frau.

Spruch: Die Signale und Worte sind doppeldeutig, und du wirst sie ebenso falsch verstehen wie deine falsch verstanden werden. Versuche nicht zu klären, was jetzt nicht zu klären ist. Halte dich an das Fassbare, denn daran halten sich auch die anderen. Und bist du nicht achtsam, wird man dir einiges wegtragen. Warum also greifst du nicht zu, wo andere wegschauen? Doch hüte dich vor falschen Freunden. Sie lassen dich taumeln, und du taumelst voll Lust in deinen Niedergang. Wohl dir, wenn du einen guten Freund aus alten Tagen hast.

In der Liebe wird nicht nur dir etwas zum Naschen angeboten. Wo die Liebe welkt, blüht der Hass. Erinnere dich an die schönen Tage, um einen Anfang zu finden.

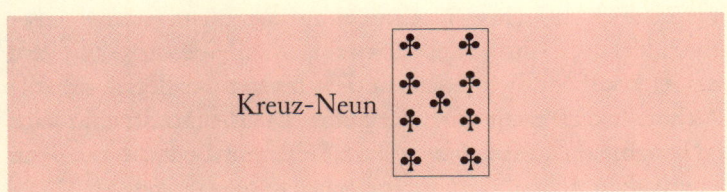

Kreuz-Neun

Tendenz: Geschenke sind unterwegs. Heitere Tage. Kleine Gewinne. Kleine Blockaden und kleiner Ärger. Verdruss mit Ämtern. Knatsch in der Arbeit.

Spruch: Rechne nicht mit dem, was du erwartest. Angenehme Überraschungen bietet dir nur das Unerwartete. Bist du dafür bereit, kannst du das Glück noch beim Schopfe packen. Es wird dir ein paar Strähnen zurücklassen. Ansonsten nützt dir deine Kühnheit wenig, wenn du nicht den Sprung ins Weite schaffst. Doch bedenke, du wirst ins Unveränderte zurückkehren. Weißt du dann keinen Ausweg, wirst du lange in der Falle sitzen. Versuche darum nicht schlauer als dein Jäger zu sein, sondern denke wie er.

In der Liebe darfst du Körbe verteilen. Dafür will dein Schatz erobert werden. Also belagere ihn heftig und listig.

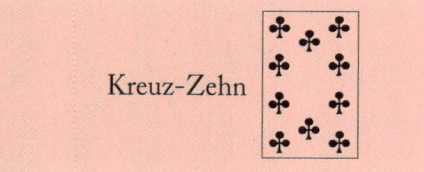

Kreuz-Zehn

Tendenz: Erfolge stellen sich ein. Risiken werden belohnt. Unachtsamkeit kommt vor dem Fall. Eine Reise steht an. Neue Begegnungen. Gefahr droht.

Spruch: Dinge wirken auf dich ein, mit denen du nicht gerechnet hast. Deine Neugier erwacht, und du wagst dich auf fremdes Gebiet. Ist dein Eifer ehrlich, wirst du rasch lernen, dich zu behaupten. Doch rechne dabei nicht auf deine Umgebung, außer damit, dass man dir Knüppel zwischen die Beine wirft. Mit dem Erfolg kommen dann auch die Trittbrettfahrer. Lasse sie aufsteigen; ihre Eitelkeit wird dir nützen. Doch du schaffst dir auch Neider, die du zu bezwingen hast. Gehe mit Bedacht vor, denn jeder Fehler deinerseits wird unnachsichtig geahndet.

Gehst du auf Freiersfüßen, wirst du dir Blasen laufen. Bist du gebunden, mache dich auf einen Wirrwarr der Gefühle gefasst.

Kreuz-Bube

Tendenz: Angenehme Bekanntschaft. Schöne Feste. Heftige Liebe. Geld kommt. Falsche Freunde. Streit in der Familie. Hindernisse. Ein dunkler Mann.

Spruch: Mache aus deinem Herzen keine Mördergrube. Sag, was du denkst und tue, wonach dir der Sinn steht. Dies ist die Zeit, da du über die Stränge schlagen darfst. Man will sich von dir mitreißen lassen. Doch hüte dich vor denen, die dir schöntun. Bleibst du indes hinterm Ofen sitzen, wird man dir die Ohren vollsingen, und du wirst nicht mehr wissen, wer Freund und wer Feind ist. Bleibst du, bist du verloren. Raffst du dich auf, wirst du stolpern. Darum unterlasse, was dich bindet.

Laufe deinem Traum nicht nach. Es warten andere Träume in großer Zahl auf dich. Schlafe und genieße. Lange Nächte!

Kreuz-Dame

Tendenz: Eine nützliche Freundin. Wertvolle Bindungen. Man bleibt am Ort. Wankelmut auf allen Seiten. Weiche der Frau aus, sonst nimmst du Schaden.

Spruch: Mache dich auf unruhige Zeiten gefasst. Die Dinge entwickeln sich zu deinen Ungunsten. Einer schlechten Nachricht folgt die nächste. Auch in deiner nächsten Umgebung scheint sich so manches gegen dich zu wenden. Je mehr du dich dagegen wehrst, umso gräulicher wird es dir ergehen. Heulst du mit den Wölfen, wird das Leid erträglicher. Willst du dies nicht, solltest du deinen Packen tragen, mit den Tagen wird er leichter werden. Greife auch nicht zu hart zu, denn vieles, was du jetzt anfasst, will dir zwischen den Fingern zerrinnen.

Gut beschienen sind die festen Bindungen. Bist du allein, vergaffst du dich um der Tränen willen in das Unmögliche.

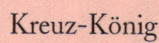 Kreuz-König

Tendenz: Geliehenes und gute Ratschläge sind wohlfeil. Freunde in der Not. Unerwarteter Besuch. Treue. Rechne mit Widerspruch. Die Familie verweigert sich.

Spruch: Du brauchst Hilfe, dann sieh dich um, viele helfende Hände stehen für dich bereit. Sitzt du in der Klemme, darfst du dich mit Aussicht auf Erfolg gleich an die höchste Instanz wenden. Freilich solltest du jetzt jeden Streit vermeiden. Es wird eine scharfe Klinge gewetzt und lauthals nach dem Kadi gerufen. Eine ältere Person ist dir zugetan. Höre ihr zu. Manches, was sie sagt, wird dir bekannt vorkommen. Folge dem. Das Neue hingegen bedenke und lasse dich von ihr dazu anleiten.

Aus Liebelei wird Liebe lau. Ist es Gewohnheit oder Gleichgültigkeit? Bei Ersterem küsse, bei Zweiterem gehe.

| Kreuz-Ass | ♣ |

Tendenz: Gewinne, Geschenke und Überraschungen vom Feinsten. Fette Zeiten für Wandel und Handel. Heikle Schadensfälle. Grund zu Trauern. Ein fremdes Haus.

Spruch: Bei dieser Karte klingeln die Münzen. Du wirst ihren Klang aber nur hören, solange du es verstehst, dir die reifen Früchte zu nehmen. Und da du dich nicht allein nach ihnen streckst, solltest du deine Ellenbogen einsetzen. Gelingt dir dies mit einem Lächeln und Schalk im Auge, wird man dir darob kaum zürnen. Freilich solltest du andere an deinem Erfolg teilhaben lassen, damit man dir die Neider vom Halse hält. Streitest du indes gegen einen Mächtigen, solltest du dich kleiner machen, als du bist. Nur dann vermagst du ihn zu bezwingen.

Lange Liebe will sich binden, um aufs Neue zu erblühen. Kurze Liebe verspricht Vergnügen ohne Dauer. Denke nicht ans Ende.

Pik

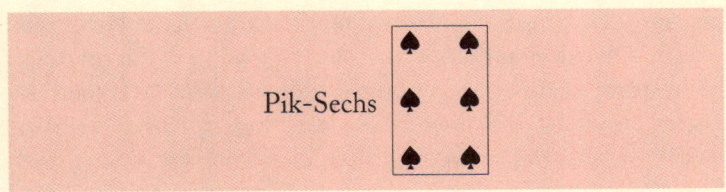

Pik-Sechs

Tendenz: Heftiges Entflammen. Berechtigte Hoffnung. Eine Entschuldigung. Streit und Trennung. Schmerz. Wirrnis und große Ungewissheit. Sehnsucht und Enge.

Spruch: Du fragst das Schicksal, was es dir bringen mag, dabei formst du es durch deine Unentschlossenheit gerade selbst. Wieder einmal wirst du daneben stehen und dich wundern, wie das Glück andere verwöhnt. Ändern vermag diesen Zustand keine Schicksalsmacht, sondern nur du selbst. Vielleicht blickst du einmal statt nach den Sternen auf das dürre Holz vor dir. Fegst du es beiseite, kann es darunter wieder grünen. Angesichts des Herz-Königs mag der notwendige Schwung in der Tat in dir erwachen.

Entflammt mit Haut und Haaren wirst du zum Narren. Doch Narren taugen mehr zur Hänselei als zur Zweisamkeit.

Pik-Sieben

Tendenz: Liebesgeflüster. Kluger Rat. Kurzer Weg. Eine ersehnte Botschaft. Klatsch und Streit. Ein Dieb und ein Miesmacher. Krankheit. Zerstobene Hoffnungen.

Spruch: Diesen Menschen kannst du es niemals recht machen. Was du auch tust, immer wird eine Forderung zurückbleiben. Und man versteht es, dich geschickt in die Pflicht zu nehmen und ins Joch zu spannen. Erst wenn du das gereichte Futter verweigerst, wird man dich in die Wüste schicken. Fürchte dich nicht davor, denn diese Wüste wirst du mit deinen Tränen benetzen, und sie wird über Nacht erblühen. Gehe nicht mehr zurück in das Haus, aus dem man dich gejagt hat. Jage auch nicht dem Glück hinterher; es ist eine Fata Morgana, die dich in die wahre Wüste locken will.

Man blickt dir tief in die Augen und zeigt dir die kalte Schulter. Drehst du den Spieß um, will man mit dir liebäugeln.

Pik-Acht

Tendenz: Nichts Gutes. Grund zur Eifersucht. Tränen und Bitternis. Krankheit. Schlechte Nachricht. Boshaftigkeiten. Zwietracht. Schmerzhafte Verluste.

Spruch: Gut, dass du mich zurate gezogen hast. So kannst du dich auf stürmische Zeiten einrichten. Ein Schlag folgt dem anderen, und du wirst alle Hände voll zu tun haben, das dich ereilende Unglück abzuwehren. Halte nichts fest, auf dass du deine Hände frei hast, dich zu schützen. Weine auch nicht um das Verlorene, so bleiben deine Augen klar. Nach dem Sturm magst du dich erinnern, aus welcher Richtung er blies. Doch säst du in dieser trüben Zeit, pflanzt du ein Licht in den Horizont.

Eine verrostete Liebe will aufpoliert werden. Weich ihr aus, ehe du dich an ihr entzündest. Man streitet der Liebe wegen.

Pik-Neun

Tendenz: Ein großherziges Angebot. Treue Freunde. Bleib misstrauisch. Ein schmerzlicher Verlust. Krankheit. Harte Arbeit. Tage der Einsamkeit. Rache.

Spruch: Verspricht dir die Karte die kurzlebigen Vergnügungen nur deshalb, weil sie dich mit deren Vergänglichkeit quälen will?

Oder will sie dich damit in dieser wirren Zeit entschädigen? Genieße, was dir an Angenehmem gegeben wird, denn überdies gibt es wenig zu lachen. Das, auf das du wartest, wird sich verzögern. Trifft es endlich ein, kommt es eigentlich zu spät. Diejenigen, auf die du rechnest, werden dich vergessen. Und jenen, die schlecht über dich sprechen, wird geglaubt werden. Erst wenn deine Tränen versiegen, darfst du wieder hoffen.

Nur wenn die Liebe einen Winter überstanden hat, werden sie die Wirren nicht erschüttern. Die junge Blüte wird vertrocknen.

Pik-Zehn

Tendenz: Rasche Blüte. Nettes Geschenk. Zum Gut kommt Ehre. Starke Gefühle. Ein Geheimnis. Angst vor der Nacht. Tränen. Vorübergehende Sorgen. Einsamkeit.

Spruch: Halte dich nicht damit auf zu hoffen, die Welt könnte besser werden. Sieh nur über deinen Gartenzaun, und du blickst in die hässlichen Fratzen, die dich eines anderen belehren. Diesen Alb abzuwehren, damit wirst du dich in nächster Zeit herumschlagen. Vielleicht aber denkst du auch daran, deinen Zaun zu erhöhen. Doch mit der Sicht nimmst du dir auch die Beweglichkeit und wirst zum Gejagten deiner schlechten Träume. Suche den Judas in deiner Nähe, der dich an die Fratzen verkauft.

Sprich aus, was du fühlst, und du wirst staunen, welch zarte Worte Liebe künden. Wärme dich nicht an kalten Öfen.

Pik-Bube

Tendenz: Stärke, List und Ausdauer. Neues kommt mit Neuigkeiten. Viel Feind, kaum Ehr. Böse Zungen und Intrigen. Ärgerliche Fehler. Ein junger Mann vom Lande.

Spruch: Ja, du weißt, wie man die höchsten Berge erklimmt und die größten Wüsten durchwandert. Auch weißt du, wie man Schlachten schlägt und Uneinnehmbares erobert. Doch nicht das Wissen und das Schwätzen zählt, sondern Taten. Und da steigst du nur auf liebliche Hügel, wanderst über grüne Wiesen und bleibst am Rande des Tumults. Solange du dir die Gründe für deine Enthaltung selber lieferst, wirst du auch immer einen Herren finden, der dich vor seinen Karren spannt. So auch diesmal, denn dir ist nicht zu raten.

Diese Liebe ist ein Drama. Im Kino würde sie nur einen halben Abend währen. Hier aber dauert die Vorstellung quälend lange.

Pik-Dame

Tendenz: Eine kluge Frau. Verwandtschaft. Eine Rivalin oder böse Frau. Lug und Trug, List und Tratsch. Diebstahl. Trübe Zeiten und dunkle Geschäfte.

Spruch: Blicke nicht nach vorn und nicht nach hinten. Die Zeit ist angehalten, und nichts wird sich verändern. Wohl suchst auch du diese Unbeweglichkeit. Schließlich ist dein Keller gut gefüllt. Warum soll es dann nicht gleich Winter sein. Also packe dich warm ein und mach dich über deine Vorräte her. Gehen sie zur Neige, wirst du dich notgedrungen bewegen müssen. Solche Bewegung aber bringt keine Veränderung, sondern nur die alte Hast nach dem Gewohnten. Denk dir neue Träume aus!

Lange Schatten liegen über den Liebenden. Haben sie das Kuscheln verlernt, werden sie sich voreinander fürchten.

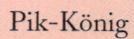 

Pik-König

Tendenz: Genesung. Vornehmheit. Ein männlicher Verwandter. Prozesse gehen verloren, und Gegner erstarken. Ein Feind. Schlechte Gesellschaft. Unheil.

Spruch: Du solltest auch meinen, was du sagst. So aber sendest du missverständliche Signale. Man wird dir darum nicht über den Weg trauen. Je mehr du dagegen ankämpfst, umso weiter wirfst du dich selbst zurück. Schicke also jemanden an deiner statt. Jener, dem du nicht traust, der wird der Richtige sein. Denn er wird in der Tat für sich streiten, und man wird dann die Meinung über dich ändern. Doch dann liegt es auch an dir, deine Meinung zu korrigieren. Vielleicht blickst du dafür in einen Spiegel, um besser zu erkennen, wo links und wo rechts ist.

Zählt nur die Leidenschaft, bist du gut bedient. Zählt das Herz, bist du betrogen. Zählt der Verstand, bist du verrückt.

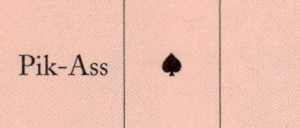

Pik-Ass ♠

Tendenz: Ein Geschenk. Ein besiegter Feind. Sinneslust. Gewissheit stellt sich ein. Nachwuchs. Scham und Flucht. Schreck. Diebstahl. Treulosigkeit.

Spruch: Die Zeit des Schweigens ist vorbei. Rede jetzt frei von der Leber weg. Doch benenne nicht nur, wer dir Böses tat, und rede nicht nur von Strafen, sondern sprich von dir, von deinen Ansprüchen und Talenten. Rücke dich ungeniert ins beste Licht. Schließlich stehst du nicht allein auf der Bühne. Nur wer morgen noch in bester Erinnerung ist, darf fürderhin mit Einladungen rechnen. Eile dich, denn es sind nur wenige Gelegenheiten, zu denen du deine Trümpfe zeigen kannst.

Die Liebe schlägt Wurzeln und die Sinnlichkeit Blüten. Bist du noch allein, dann solltest du dich schleunigst verabreden.

Herz

Herz-Sechs

Tendenz: Herzen sprechen. Frohe Botschaft. Stetigkeit. Angenehme Treffen. Du wirst umworben. Die Sonne steht hoch. Schlechte Erinnerungen. Hindernisse.

Spruch: Warum diese rastlose Gier? Die Dinge stehen gut für dich. Lasse sie auf dich zukommen. Was willst du mehr? Dein Verlangen nach Gewissheit macht dich hart und unempfänglich. Doch da sich das Glück nicht halten lässt, wird es sich dir entziehen. Besinne dich, ehe dir deine Felle davonschwimmen. Übst du dich im Leichtsinn, vermagst du ohne lange nachzudenken Türen zu wohl gefüllten Kammern aufzustoßen. Lässt du dich von deiner Eingebung leiten und folgst den dir gewährten Einladungen, kannst du dich auf die Sonnenseite schlagen.

Eifersucht mag die Liebe würzen. Doch diese Liebe wirst du dir damit versalzen. Vertraust du indes, schwebst du auf Wolken.

Herz-Sieben

Tendenz: Familienglück. Freundschaft. Großzügige Freundin. Gewinne. Pläne. Kleine Geheimnisse. Grübeln und Sehnen. Mutterglück. Einfälle. Wachstum.

Spruch: Wo anfangen, fragst du dich. Zu vieles stürmt auf dich ein, und in alle Richtungen willst du lieb Kind sein. Hierdurch aber wirst du keinem gerecht und machst dich am Ende nur allseits unbeliebt. Vielleicht trittst du einfach mal zur Seite, damit die Aufmerksamkeit auf jemand anderen fällt. Vom Rande aus kannst du dann betrachten, was an Hilfe, Rat und Forderung von Nutzen und was Unfug ist. Denjenigen, die darüber murren werden, solltest du künftig möglichst aus dem Weg gehen.

Schreibe einen Liebesbrief und hänge den süßen Gedanken nach. Deine Liebe trifft auf Gegenliebe. Lache, und der Tag ist dein.

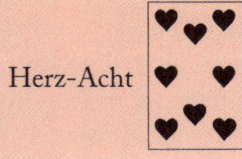

Herz-Acht

Tendenz: Herzliche Zuneigung. Eheglück. Große Liebe. Eine blonde Frau. Ruhm und Ehre. Wohlwollen. Ein gutes Ende. Reise. Rauschende Feste. Zufriedenheit.

Spruch: Blick nicht nach vorn, ehe du dich nicht umgesehen hast. Dir folgt ein Schatten aus vergangenen Tagen, dem du das Licht nehmen solltest. Versäumst du dies, wirst du dein Glück nicht machen können, sondern selbst ins Zwielicht geraten. Meide auch die Gesellschaft, die dir so viel Freuden verspricht. Hier zehrst du nur deine Vorräte auf, die dich auf deinem Weg stärken sollen. Schreitest du aber befreit voran, wird sich dir jemand zur Seite gesellen, der mit dir durch dick und dünn geht. Denke um die Ecke, dort liegt eine starke Idee!

Ein Festtag für die Liebe. Schenke Blumen, auf dass sie auch morgen noch kräftig blüht. Flirte, wenn du dich binden willst.

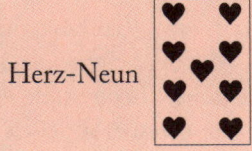

Herz-Neun

Tendenz: Aus Liebelei wird Dauer. Gesundheit und Wohlergehen. Gefestigte Freundschaft. Bezwungene Feinde. Ein guter Handel. Kleine Sorgen. Leichte Hindernisse.

Spruch: Du hast eine glückliche Hand. Doch werde darüber nicht übermütig, das Glück könnte sich dir sonst entziehen. Verstehst du es jedoch, geschickt einen Stein auf den anderen zu setzen und sie mit gutem Mörtel zu verbinden, wird das Glück dein Schaffen gern begleiten. Du solltest also um den Weg wissen, auf dem du schreitest. Auf Abwegen gelangst du nur in die Irre und nicht zu neuen Erkenntnissen. Achte auch nicht darauf, was du in deinem Rücken vernimmst. Wichtiges kommt auf dich zu.

Hüte dein Auge. Ein feuriger Blick – und ein Herz steht in Flammen. Wer jetzt nicht die Treue hält, wird einsam schlafen.

Herz-Zehn

Tendenz: Angenehme Überraschungen. Glück und Gut. Eine Mitgift. Viel Lob. Kindersegen. Treue und Beständigkeit. Zeit des Wartens. Ein fremdes Haus.

Spruch: Du strebst so weit nach oben, dass die Gefahr besteht, dass du den Boden unter den Füßen verlierst. Achte deshalb darauf, dass du jederzeit Paroli bieten kannst. Andernfalls wirst du weit zurückfallen. Mit dem richtigen Mitstreiter an deiner Seite hast du jedoch wenig zu befürchten, vorausgesetzt, ihr seid euch ebenbürtig. Nur dann werdet ihr euch den Erfolg nicht gegenseitig neiden. Jetzt ist auch die Zeit reif, die Hand zur Versöhnung zu reichen. Machst du ein ehrbares Angebot, wird man sich freudig mit dir einigen.

Blicke deinem Schatz in die Augen und sage ihm, was für schlimme Macken du hast. Bleibt er dann, bleibt er für immer.

Herz-Bube

Tendenz: Ein großzügiger Herr. Häufige Reisen. Reizvolle Kontakte. Vertrauen. Nachdenklichkeit. Ein netter Junge. Der Geliebte. Verweigerte Hilfe.

Spruch: Auch wenn du weit besser bist als andere, so nützt dir dies wenig, wenn wie hier Beziehungen den Meister machen. Doch deswegen musst du nicht von Brosamen leben. Sieh es als Prüfung an, in gleicher Weise Fäden zu spinnen. Nimm dir also mit Tücke, was man dir mit Anstand nicht gibt. Zeige dich mit den Herrschaften, doch setze dich nicht zu ihnen an den Tisch. So machst du dich begehrt. Du hast gewonnen, wenn man deinen Tisch sucht. Bis dahin aber bleib wohlgemut und lerne das Spiel der Intrige.

Süße Worte, tiefe Blicke, charmante Gaben sind der Liebe Nahrung. Doch erst die Treue schenkt der Liebe wahre Lust.

Herz-Dame

Tendenz: Eine hilfreiche Freundin. Erfüllte Wünsche. Eine blonde Frau. Die Geliebte. Nachwuchs. Mächtige neigen sich. Streit ums Geld. Enttäuschte Hoffnung.

Spruch: Hoffnung ist der Tod der Tat. Darum hoffe nicht auf etwas, was du nicht selbst erreichen willst. Diese Karte verspricht dir alles und nichts. Es kommt nur darauf an, was du wirklich willst. Laufe also keinen aufgesetzten Wünschen nach, sondern lasse dich von deiner Leidenschaft antreiben. Lenken dich indes nur laue Gefühle, so gib die Jagd nach Lorbeeren auf. Richte es dir in deinem Garten ein, und lasse die anderen neidisch über den Zaun blicken. Und so erfährst du jeden Tag, dass deine Zurückhaltung so verkehrt nicht war.

Liebeleien zu allen Seiten schmeicheln ungemein. Genieße es, sofern du auch das Angebrannte nicht verschmähen willst.

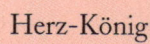 Herz-König

Tendenz: Ein edler Beschützer. Ein hilfreicher Freund. Geld kommt. Der Geliebte. Ein Richter. Großes Haus. Rente. Hilfe verzögert sich. Pläne liegen auf Eis.

Spruch: Diese Karte kündet von eitel Sonnenschein. Zeigst du dich gut gelaunt, steckst du andere damit an. Hierdurch fliegst du von Erfolg zu Erfolg. Doch vergiss nicht, dass ein Patron dein Tun wohlgefällig betrachtet. Durch ihn bist du nämlich zum Erfolg verpflichtet, schließlich willst du seinen Missmut nicht erregen. Daher solltest du bei allem Eifer darauf achten, wo denn der wahre Patron ist. Denn ist die holde Zeit vorüber, wird er es sein, vor dem du dich rechtfertigen musst.

Ja, die Liebe ist zu schön, um sie nicht zu teilen. Dein Partner sieht das womöglich ebenso und teilt sie längst.

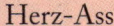

Herz-Ass ♥

Tendenz: Ein lautes Fest und stille Freuden. Das eigene Haus steht im Mittelpunkt. Kurze Reisen. Leibliche Genüsse. Ehrungen. Heikle Liebe. Heimlichkeiten.

Spruch: Es könnte so schön sein, hättest du nicht das seltsame Gefühl, unter einem Zwang zu stehen. Du fühlst dich unter Druck gesetzt und weißt nicht, wer dich drückt. Bist du es selbst oder die Zeit, die dir davonläuft, oder ist da eine graue Eminenz, der du gefallen möchtest? Blickst du dich jedoch um, magst du nichts entdecken, weil du nichts ändern willst. Dabei täte deinem Haus eine Renovierung vom Keller bis zum Speicher wirklich gut. Überlege, was du auf den Kopf stellen möchtest und von was du dich endlich trennen solltest.

Schreibe deinem Schatz einen Liebesbrief. Lege ihn unters Kissen und träume darüber. Morgen weißt du dann, was du willst.

Karo

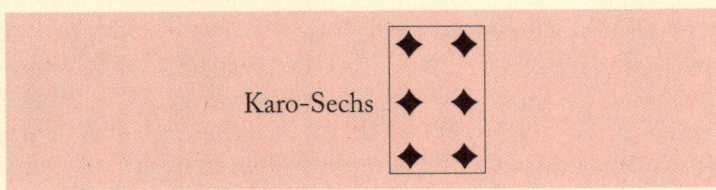

Karo-Sechs

Tendenz: Unverhofftes Glück. Ein Geschenk. Einfallsreichtum. Längere Abwesenheit. Warte auf morgen. Dem Geld hinterherlaufen. Streit und Sorgen.

Spruch: Sei achtsam. Der Tag ist lieblich und die Flur wird von der Sonne mild beschienen. Das Glück scheint zum Greifen nahe. Doch siehst du genauer hin, entdeckst du, wie eins dem anderen auflauert und eins das andere verschlingen will. Ist das der Lauf der Dinge oder eine Schlangengrube? Die Sorgen ums Alltägliche und das liebe Geld werden dir jedenfalls nicht ausgehen. Und je eifriger du alldem entfliehen willst, umso emsiger wird man dir Knüppel zwischen die Beine werfen.

Diesmal ist Schweigen Gold. So muss keiner von euch beiden lügen. Mit der Morgensonne aber scheint auch die Wahrheit auf.

Karo-Sieben

Tendenz: Anlass zur Freude. Etwas Geld. Heitere Feste. Gewissheit. Sich abzeichnender Wandel. Schlichtheit. Unruhe. Böse Zungen. Falsche Versprechen.

Spruch: Mit Stolz blickst du über deine Saat. Sie sprießt und gedeiht, und du darfst mit einer guten Ernte rechnen. Hast du aber auch deinen Tribut an die Neider eingerechnet? Wenn nicht, wirst du bald erleben, wie sie dir zur Plage werden und das Erhoffte zu schwinden beginnt. Sei also gewappnet, noch bist du nicht am Ziel. Man hat viele Gruben auf deinem Weg ausgehoben. Gehe also mit einem langen Stab in der Hand voran. So hältst du dir nicht nur die wilden Hunde vom Leib, sondern kannst auch den Fallensteller in seine eigene Grube stoßen.

Zeigst du dich nicht bald wieder von deiner liebenswerten Seite, wirst du ein leeres Nest vorfinden. Küsse und Schwüre!

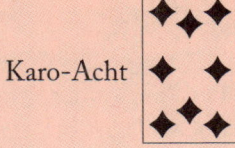

Karo-Acht

Tendenz: Kleingeld und Geschenke. Sonnenschein. Ohne Fleiß kein Preis. Man wird gesehen. Reise. Hindernisse. Ein enthülltes Geheimnis. Ärger, Lug und Trug.

Spruch: Streif dir die Ärmel hoch, denn du wirst deine Ellenbogen gebrauchen müssen. Das Glück will diesmal erobert werden. Zwing es also in deinen Korb. Gehe dorthin, wo du berechtigte Forderungen stellen darfst. Doch lasse dich nicht vertrösten, denn was du dir jetzt nicht nimmst, wird dir auch später nicht gegeben werden. Halte dich jedoch nicht mit Kleinigkeiten auf. Zudem ist die Zeit günstig, alte Rechnungen zu begleichen. Vergiss dabei nicht, mit Zinsen zu bezahlen.

Lass dich nicht vom schönen Wort, sondern vom schönen Augenschein betören. Und bist du betört, umkränze deinen Schatz.

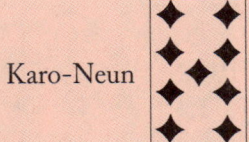

Karo-Neun

Tendenz: Gute Geschäfte. Viel versprechende Nachricht. Guter Rat. Ein Treffen und eine Reise. Hochgefühle. Streit mit den Lieben. Eine Lüge. Verwirrung.

Spruch: Weißt du nicht weiter, so rät dir die Karte abzuwarten, bis man dir auf die Sprünge hilft, und das kann schneller geschehen, als du denkst. Doch wehe, du kennst die Richtung nicht, dann wirst du zum gejagten Fuchs. Besser also, du machst dich in der Zwischenzeit in verschiedenen Richtungen schlau und behältst so die Hand am Ruder. Man wird darüber zwar nicht glücklich sein, doch bleibst du hart, wird man sich fügen. Freunde gewinnst du so allerdings nicht. Hüte dich zudem vor falschen Gefühlen, sie könnten dir zum wunden Punkt werden.

Verbundene dürfen sich treu in die Augen blicken. Suchende dürfen ihrer falschen Wahl einen weiteren Missgriff anfügen.

Karo-Zehn

Tendenz: Dickes Geld. Unverhoffte Gewinne. Angenehme Gesellschaft. Eine interessante Reise. Große Veränderungen. Eine Schlange am Busen. Etwas zerbricht.

Spruch: Statt nach den Schatten der Zukunft solltest du besser nach deinen Nachlässigkeiten fragen. Sie sind es, die dir den Blick fürs Künftige trüben. Vielleicht wandelst du für eine Weile barfuß, auf dass du den Boden unter deinen Füßen wieder wahrnimmst. Mit genügend Bodenhaftung musst du die Karte nicht fürchten. In deinem Rahmen wirst du schöne Geschäfte machen. Je großzügiger du also deinen Rahmen steckst, umso reichlicher darfst du Erworbenes in deine Scheune fahren.

Lass dir ein Liebespfand geben, denn die Trennung wird länger währen, als ihr euch gedacht habt. Zeiten der Prüfung!

Karo-Bube

Tendenz: Glückliche Heimkehr. Ein Freund der Genüsse. Ein Bote des Glücks. Ein mutiger Mann. Offenbarte Geheimnisse. Liebelei. Ein Nebenbuhler. Verschwendung.

Spruch: Schau dir deine Umgebung gut an; wem willst du nacheifern und wem nicht? Jedenfalls hast du ein passendes Vorbild in deiner Nähe. Und es wird an deiner Wahl liegen, an welchen Strand dich das Schicksal tragen wird. Plagen dich aber unterwegs Zweifel, wirst du in eine lange währende Flaute geraten, aus der dir niemand zu helfen vermag. Setze dich auch nicht mit den Geizigen an einen Tisch, wenn du Hunger hast. Überlege dir gut, was du einsetzen willst, denn nicht jede Wurst, die jetzt geworfen wird, trifft auch eine Speckseite.

Du kannst zwar nicht Gleiches mit Gleichem vergelten, aber auch Gehörnte können sich vergnügen.

Karo-Dame

Tendenz: Ein gutes Herz. Stolz. Berechtigte Hoffnungen. Eine reiche Frau und eine böse Frau. Eifersucht. Jemand versucht zu schaden. Üble Nachrede.

Spruch: Die Dinge scheinen anders, als sie sind. Deshalb solltest du hinter die Kulissen blicken. Nur dann kannst du erkennen, was wirklich gut und was wirklich schlecht ist. Gräme dich freilich nicht über deine Irrtümer, denn du wirst sie erst noch wiederholen müssen, ehe du aus ihnen lernst. Lasse dich auch nicht auf langfristige Bindungen ein. Jetzt, da du schwach bist, glaubt man, dich billig knebeln zu können. Doch die Wüste, durch die du ziehst, ist überschaubar und voll von Oasen.

Bist du gebunden, verzeiht die Zeit. Bist du jung verliebt, wirst du mit den Tränen auch die Liebe aus den Augen verlieren.

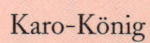Karo-König

Tendenz: Der Vernunft verpflichtet. Ein gut meinender Freund. Ein reicher Herr. Ein Krämer. Wenig Fassbares. Zähe Geschäfte. Ein herber Verlust. Ein arger Feind.

Spruch: Seltsame Dinge geschehen um dich herum. Dinge geraten scheinbar ziellos in Bewegung. Anstatt dich weiter zu wundern, solltest du Fragen stellen. Denn nur wenn du weißt, wie die anderen denken, vermagst du ihnen einzuflüstern, was sie zu denken haben. Hierin aber liegt deine Macht, die Dinge zu deinen Gunsten zu wenden. Allerdings ist dies ein gefährliches Spiel. Wobei dir weniger deine Opfer als dein Hochmut gefährlich werden könnten. Darum vollbringe rasch, was du dir vorgenommen hast, und tritt danach in die Reihe zurück.

Wenn die Liebe geht, ersetzt die Börse das Herz. Du wirst es leicht tragen, solange du das Geld ebenso liebst.

Karo-Ass

Tendenz: Geld macht glücklich. Eine wichtige Nachricht. Erhoffte Neuigkeiten. Wünsche erfüllen sich. Sonnentage. Ein Geschenk. Ein edles Versprechen.

Spruch: Genieße den jungen Morgen, denn es wird ein heißer Tag werden. Stelle dich darauf ein, dass du am Abend nicht mehr im selben Bett schlafen wirst. Solange du beweglich bleibst, wirst du den rasanten Wandel als Sieger überstehen. Doch zögerst du, musst du zusehen, wie das Glück an dir vorbeizieht. Auch solltest du gut hinhören, wo gemunkelt wird, denn es sind diese kleinen Geheimnisse, die dir zum Vorteil werden. Sie aber vernimmst du nur, wenn du hinter das Gesagte dringst.

Die Liebe ist im Mai. Herzpochen und Turtelei, Geschäker und Leidenschaft. Der Strauß ist gebunden; steck deine Nase hinein.

Inspirierende Orakel

Impulse für den sechsten Sinn

Ein Orakel zu deuten bedeutet, die Zeichen des Schicksals zu lesen. Denn nur selten ist die Antwort, die uns ein Orakel gibt, eindeutig und wirklich erhellend. Weit häufiger gibt es sich sibyllinisch und lässt uns mit einem mehrdeutigen Spruch zurück. Den einen zugelosten Spruch richtig auszudeuten ist eine eigene Fertigkeit, für die man zum einen Abstand zu sich selbst benötigt, und zum anderen ein ausgeprägtes Feingefühl für jene Wahrheiten besitzen sollte, die zwischen den Zeilen und hinter den Worten stehen. Erst hierdurch erfassen wir einen Orakelspruch nicht nur als Spruch, sondern als bildhafte Umschreibung künftigen Geschehens. Solche bildhafte Auffassung eines Orakelspruchs wird durch eine intuitive Sichtweise begünstigt.

Je stärker Sie sich also bei der Deutung eines Orakelspruches auf Ihre Eingebung verlassen, desto klarer wird Ihre Sicht und die daraus resultierende Auslegung des Orakels sein. Dies bedeutet, dass Sie sich in der Auseinandersetzung mit einem zugelosten Spruch Ihrer Gefühle, Ihrer Ahnungen und spontanen Einfälle sowie der vor Ihrem geistigen Auge aufscheinenden Bilder bewusst sind, ohne sie zu überdenken beziehungsweise ohne sie gedanklich zu memorieren. So wird der Orakelspruch zu einem Impuls, mit ihm ergreift Sie eine mentale und physische Erregung. In der Praxis bedeutet dies, dass Sie auf Ihre durch den Spruch ausgelöste Erregung lauschen und sich von ihr entsprechend leiten lassen sollen. Keinesfalls sollten Sie diese Erregung durch allzu schnelle Schlüsse dämpfen. Versuchen Sie stattdessen, Ihre Erregung als einen Prozess hellsichtiger

Beunruhigung anzunehmen. Gelingt Ihnen dies, werden Sie sich selbst als das Orakel verstehen und weniger als ein Medium, durch das sich das Künftige mitteilt. Gelingt es Ihnen, in diese Phase einzutreten, beginnen sich die empfundenen Bilder und Ahnungen allmählich zu klären und zu einem Bild zu verschmelzen. In diesem einen Bild sehen Sie schließlich den tieferen und eigentlichen Sinn des gelosten Spruches. Dieses Bild entspricht einem intuitiven Wissen. Mit ihm klingt zugleich die ausgelöste Erregung ab, und Sie sind sich mit einem Gefühl befriedigender Sicherheit über die Aussage des Orakels im Klaren. Ihre anschließende Auslegung des Spruches wird zu einer Beschreibung dieses inneren Wissens.

Hierbei werden Sie feststellen, dass Sie sich dem wahrgenommenen Bild zwar nähern können, es aber nicht in all seinen Facetten beschreiben können. Diese Distanz zwischen dem inneren Eindruck, den die Sicht in Ihnen hinterlassen hat, und dem, was Sie berichten können, sollte Sie jedoch nicht irritieren; entspricht sie doch der alltäglichen Erkenntnis, dass Worte niemals die Sache sein können, die sie beschreiben. Vielmehr gleicht solches Vorgehen dem Blick in eine Landschaft. Einerseits erleben wir die betrachtete Landschaft in stillem Schauen in beinahe ekstatischer Unmittelbarkeit, andererseits verengt sich unser Blick auf Details, sobald wir sie zu beschreiben versuchen. Mit solcher Verengung verliert sich auch die zuvor empfundene Unmittelbarkeit, und wir sehen aus der Distanz des Beobachtenden mit überlegtem Blick, obgleich das Geschaute nach wie vor in seiner Gesamtheit vor unseren Augen liegt.

Diese Art und Weise, sich von einem Orakelspruch beunruhigen und gleichzeitig inspirieren zu lassen, führt uns im Grunde wieder zu den Anfängen des Orakelns zurück, in jene Zeit, als wir Menschen sowohl eins mit der Natur als auch ihre Bezwinger waren. Denn lange bevor wir begannen, systematische Orakel zu ersinnen, waren es die Natur und ihre Zeichen, die uns Künftiges schicksalhaft andeuteten. Kommendes Wetter und mögliche Beute kündeten sich dem Eingeweihten ebenso durch Vorzeichen an wie anpirschende Feinde, aufkommende Krankheit, baldiger Tod und werdendes Leben. Diese Omen zu erkennen, war anfänglich weniger Wissen als intuitive Schau. Doch auch später, als diese Omen dem Kundigen erkenn- und erlernbare Anzeichen waren, wurde die ursprüngliche Schau weiter gepflegt. Man suchte durch intuitive Schau die Zeichen des Morgigen zu erkennen und achtete dazu in gewohnter Weise auf Veränderungen und Merkwürdigkeiten in seiner Umwelt.

Der Flug der Vögel, die Bewegung des Rauches, das Verhalten der Haustiere wurde beobachtet, um hieraus ebenso wie aus den Innereien des Opfertieres (hier speziell aus der Leberschau) die Zukunft zu erhellen. Letzteres war gemeinhin dem Priester zur Deutung vorbehalten und dürfte eins der ersten systematisierten Orakel gewesen sein.

Nur wenige dieser Orakel sind heute noch lebendig, wie etwa die sich aus der Naturbeobachtung ableitenden Bauernregeln zu Wetter und Ernte oder die zahlreichen abergläubischen Regelungen, die es uns beispielsweise erbieten, unter einer Leiter hindurchzugehen oder den Weg einer schwarzen Katze zu kreuzen.

Quicklebendig ist diese Ausschau nach Vorzeichen indes noch in den unter dem Begriff »Angang« zusammengefassten kleinen Orakeln des täglichen Lebens.[5] Solches Schauen ist heute weniger als einst systematisiert. Sobald wir uns aber auf ein Ereignis vorbereiten oder um den Ausgang einer getroffenen Entscheidung bangen, werden wir sensibel für die Zeichen um uns und versuchen, sie zu deuten. So mag uns etwa auf dem Weg zum Flughafen eine zufällig beobachtete Karambolage Anlass zur Sorge sein, wie wir andererseits einen über einen vorbereiteten Vertrag laufenden Marienkäfer gewiss als Vorzeichen guten Gelingens werten würden. Dementsprechend fragen wir mit der

---

5   Als Angang bezeichnet man eine Begegnung, der eine für einen selbst zukunftskündende Bedeutung innewohnt.

Redensart »Was hat dich denn angegangen?« nach den guten oder schlechten Omen, sobald wir einen vom Schicksal sichtlich Berührten begegnen.

Für einen mit dem sechsten Sinn ohnehin Begnadeten wird es etwas Selbstverständliches sein, schicksalhafte Vorzeichen zu erkennen und angemessen zu deuten. Andere wiederum müssen sich in eine solche Sicht erst hineinfinden, indem sie sie erlernen und trainieren. Aus diesem Grunde ist das einleitende Ritual vor der Befragung eines Orakels von besonderer Wichtigkeit. Für den ohnehin Sehenden zählt ein solches Ritual selbstredend mit zur Sicht. Dem weniger Begabten erscheint es indes oft als überflüssiges Brimborium, das er gern überspringt, um schneller zum Resultat zu gelangen. Insbesondere bei den systematisierten Orakeln, wie sie bislang vorgestellt wurden, wird von manchem Fragenden, der ein solches Orakel bemüht, eine gewisse Mechanik vorausgesetzt. Hierdurch aber verzichtet er auf die inspirierende Atmosphäre und die notwendige Beunruhigung und erhält ein dementsprechend schlichtes Ergebnis ohne tiefe und hintergründige Deutung. Wir kennen solche spröden Orakel unter anderem von Horoskopcomputern, die uns zwar oft weit mehr Text liefern, als dies je ein Astrologe tun würde, denen es dafür aber auch spürbar an Seele mangelt.

Am ehesten trainieren wir deshalb unsere Sicht wie unsere Deutungsfähigkeit mit nicht systematisierten Orakeln. Es sind dies vor allem visuelle Orakel, wie zum Beispiel das allbekannte Kugelsehen. Mit einem visuellen Orakel suchen wir den Zugang zu einer schicksalserhellenden Zwischenwelt. Nüchtern betrachtet provozieren wir mit solchem Vorgehen eine durchaus erklärbare Sinnestäuschung. In unserem Erleben aber begegnen wir in der Tat jener Zwischenwelt, in der sich Vergangenheit, Gegenwart und Zukunft aufheben, um in einer umfassenden Gegenwärtigkeit zusammenzufließen, an der wir schauend teilhaben. Derartig inspirierende Orakel gelten wegen der mit ihr einhergehenden »Sinnestäuschung« auch als Vorstufe zu den ekstatischen

Orakeln, bei denen die Sicht allein durch ein Ritual ausgelöst und als vermittelndes Medium der pure Geist angesehen wird.

Die nachstehenden, inspirierenden Orakel sind leicht einzuüben und verhelfen auch dem Ungeübten rasch zu einer Sicht. Wählen Sie sich eins der vorgestellten Orakel aus, um es dem Gänseblümchen-Orakel zur Seite zu stellen. Widmen Sie sich, nachdem Sie den gelosten Spruch gelesen haben, darauf Ihrem inspirierenden Orakel, werden Sie zu einer Vertiefung Ihrer Sicht gelangen und den gefundenen Spruch treffender ausdeuten können. Zugleich sind diese Orakel durch und durch eigenständig und können folglich unabhängig von anderen Orakeln als Entscheidungshilfe befragt werden.

Das Wachsorakel
gibt dem Künftigen Gestalt

Mit der Fertigkeit, aus Bienenwachs Kerzen zu ziehen, entstand auch das Wachsorakel. Das angesteckte Licht ist seit jeher ein starkes Symbol für alle Wahrsagekunst. Dementsprechend lag es nahe, das sich verflüssigende Wachs als Medium zum Orakeln einzusetzen. War es doch vom Licht durchdrungen und somit auch ein fassbares Stück des Künftigen.

Das Wachsorakel eignet sich besonders gut dafür, ein systematisches Orakel durch eine inspirierende Sicht zu ergänzen, sofern Sie im vorangegangenen Ritual mit einer Schale Wasser und einer brennenden Kerze den Kreis der vier Elemente an Ihrer Orakelstätte geschlossen haben. Andernfalls ziehen Sie sich speziell für das Wachsorakel an Ihren Kraftplatz zurück und stellen eine Schale Wasser zu Ihrer Linken auf und zünden eine Kerze zu Ihrer Rechten an. Bedenken Sie darauf Ihre Frage beziehungsweise die verborgenen Hintergründe des gelosten Spruches, dem Sie nachforschen wollen. Sie dürfen sich hierfür ausreichend Zeit nehmen. Denn erst wenn sich in der Kerze ausreichend flüssiges Wachs gesammelt hat, sprechen Sie Ihre Frage laut aus.

Danach nehmen Sie die Kerze mit Ihrer rechten Hand und gießen das Wachs in die Schale mit Wasser. Es verteilt sich sofort großflächig auf der Wasseroberfläche. Tauchen Sie jetzt rasch den Zeigefinger der linken Hand ins Wasser und rühren es kräftig um. Hierdurch verklumpt das Wachs. Warten Sie noch einen Augenblick, bis das Wachs vollständig abgekühlt ist. Danach dürfen Sie den Wachsklumpen aus dem Wasser nehmen.

Mit dem Wachsklumpen halten Sie zugleich das Orakel in Ihrer Hand. Ihre Aufgabe besteht nun darin, aus seiner Form Schlüsse auf Ihre Frage zu ziehen. Drehen Sie dazu das Wachsstück in Ihrer Hand nach allen Richtungen und betrachten Sie es dabei aufmerksam. Zu Beginn mag Ihnen seine seltsame Form wenig Aufschlussreiches sagen. Doch beschauen Sie es eine Weile mit ruhigem Blick, werden Sie inspiriert werden. Es mag eine kleine Einbuchtung oder eine fragile Zeichnung sein, die Sie anspricht und Sie mit einem Male mehr sehen lässt, als Sie sich vor Augen halten.

Sobald Sie eine erste Sicht gewonnen haben, beginnen Sie laut mit der Deutung. Erzählen Sie sich, was Sie sehen und in welche Richtung Sie es deuten möchten. In dieser Weise werden Sie das Wachsstück nach und nach erforschen, es dabei bereden und zunehmend Details seiner Form entdecken, die Sie mit Ihrer Frage in Verbindung bringen.

Nach einer kleinen Weile werden Sie merken, wie sich Ihre Sicht verliert und Sie wieder ein einfaches Stück verformtes Wachs vor sich sehen. Beschließen Sie das Ritual, indem Sie die Kerze aushauchen und das Wasser fortgießen. Das Wachsorakel jedoch heben Sie sich auf, solange die befragte Angelegenheit noch nicht zu ihrem Ende gelangt ist. Am besten bewahren Sie es in einem wattierten Schächtelchen auf, das Sie sich extra für Ihre Wachsorakel reserviert haben.

Wann immer Sie sich in der Folgezeit zur befragten Angelegenheit mit dem Orakel auseinander setzen wollen, können Sie sich das Wachsstück wieder vorhalten und erneut deuten. Dabei werden Sie des Öfteren feststellen, dass sich Ihre Sicht wie Ihre Deutung allmählich verändern. In manchen Details werden Sie nicht mehr das erkennen, was Sie einst gesehen haben, während Ihnen andere Formen, die Sie zuvor für eine Deutung unwesentlich hielten, mit einem Male ins Auge fallen. Solche Veränderungen der Sicht sind durchaus normal und kein Zeichen dafür, dass Ihre vergangene Deutung falsch gewesen wäre. Vielmehr können Sie an der veränderten Sicht ablesen, wie sich die Angelegenheit in der Zwischenzeit entwickelt hat und wie weit Ihnen das Orakel dafür tatsächlich zu einer Entscheidungshilfe wurde.

Wollen Sie sich mit dem einmal gegossenen Orakel wieder auseinander setzen, sollten Sie sich hierfür selbstredend an Ihren Orakelplatz zurückziehen und sich die beiden tragenden Elemente Feuer und Wasser, aus denen Sie das Orakel geschöpft haben, erneut zur Seite stellen.

Lesen aus dem Eiklar
Die Stimmung der Zukunft

Dieses uralte Orakel stellt eine erhöhte Anforderung an Ihre Intuition, da es Ihnen im Gegensatz zum Wachsorakel kaum symbolträchtige Formen liefert, sondern eher eine Bewegung anzeigt. Gleichwohl sind die für dieses Orakel verwendeten Medien von eindeutiger Symbolkraft.

- Da ist zum einen ein Glas mit kaltem Wasser als ein Zeichen der Lauterkeit und der Lebenskraft. Zugleich erkennen wir darin eine mondhafte Kraft, die einerseits erhält und ande-

rerseits zerstört. Beides sind Energien, denen wir begegnen, sobald wir uns dem Künftigen nähern.

- In das Wasser rühren Sie eine Messerspitze Safran, hierdurch verfärbt es sich sonnengelb. Womit Sie die Sonne als die dem Mond gegensätzliche Kraft symbolisch mit einbeziehen. In dieser Weise verbinden Sie in einem Gefäß den männlichen und weiblichen Aspekt der Schicksalsmacht, das Aktive und Vorwärtstreibende sowie das Passive und Bewahrende.
- Anschließend geben Sie in das gefärbte Wasser das Eiklar eines Eies. Das Eiklar sollte aus einem zimmerwarmen Ei getrennt worden sein, da es dann reaktionsfreudiger ist und eine lesbarere Signatur zeichnet. Mit dem Ei runden Sie die Intuition anregende Symbolik für die Sicht ab. Schließlich ist das Ei sowohl ein Zeichen für den Urgrund der Welt als auch für das werdende Leben, in dem das Zukünftige reift.
- Sobald Sie das Eiweiß in das Wasser gegeben haben, sprechen Sie Ihre zuvor bedachte Frage an das Unbestimmte laut aus und rühren die Flüssigkeit im Glas dreimal kräftig mit Ihrem linken Zeigefinger um.

Hierdurch vermitteln Sie den zusammengeführten Medien den Impuls Ihrer Schicksalsmacht. Rücken Sie nun das Glas mit dem sich drehenden und zerfließenden Eiklar gegen eine brennende Kerze und beobachten Sie seine Bewegung. Sehen Sie, wie günstige Strömungen sich nach oben richten, wie stabilisierende Fäden quer im Glas kreisen und hemmende Flocken sich dagegenstellen. Sobald die Bewegung nachlässt, sinkt das Eiweiß auf den Grund des Glases und bildet dort eine schwammartige Form, während ein Teil an der Oberfläche treibt. Gleichzeitig bilden sich Fäden, die Oberfläche und Grund mehr oder minder miteinander verbinden.

Die Form des zur Ruhe gekommenen Eiklars ist nun Betrachtungspunkt des zweiten Schrittes der Deutung. Lassen Sie sich von dem Bild im Glas inspirieren, werden Sie alsbald Bezüge zu Ihrer Frage erkennen. Wobei starke Verbindungen zwischen Oberfläche und Grund als ein gutes Omen gedeutet werden dürfen. Ein besonders glückliches Vorzeichen sehen Sie, wenn sich kleine Luftbläschen an das Eiklar geheftet haben. Ungünstige und hemmende Entwicklungen signalisiert dagegen ein sehr vielschichtiger Grund. Ebenso gelten anhaltende Eintrübungen und quer schwebende Streifen als negative Vorzeichen.

Drehen Sie das Glas langsam vor der Kerze, verändert sich die Form und gewährt Ihnen neue Einblicke. Lassen Sie sich jedoch Zeit, bevor Sie mit der Deutung des Orakels beginnen. Sie werden selbst bemerken, wie Ihnen das Orakel eine Ihrer Frage gemäße Stimmung vermittelt. Spüren Sie ihr nach, wird sich diese Stimmung verstärken. Dann dürfen Sie mit der Interpretation des Gesehenen beginnen. Blicken Sie dabei weiter auf das Orakel; es wird sich ganz allmählich weiter verändern, und treten Sie mit ihm in Zwiesprache. Das Orakel scheint dabei auf Ihre Interpretation zu reagieren. Mal scheint es sie zu bestätigen, mal ihr zu widersprechen oder sie ein anderes Mal in eine zuvor angedachte Richtung weiter zu lenken. Sich aufrichtende Fäden erhalten dabei Gestalt. Vor Ihrem geistigen Auge wandeln sie sich zu Personen oder Sachverhalten, die zueinander in Beziehung treten und Spannungen als auch Harmonien anzeigen.

Allmählich wird sich die Stimmung verlieren und sich Ihr Blick verändern, die Bilder werden verblassen und Ihre Deutung wird schwächer. Jetzt dürfen Sie das Orakel beschließen. Löschen Sie die Kerze und gießen Sie das Glas aus. Gönnen Sie sich noch eine Weile, um über das Gesehene und Ihre Deutung nachzudenken. Hierdurch runden Sie Ihre Sicht ab, verleihen ihr Festigkeit und machen sich bereit, dem Kommenden zu begegnen.

Dass man mithilfe des Eiklar-Orakels auch in die andere Richtung des Zeitpfeiles blicken kann, erlebte ich, als ich einst eine mir gut bekannte italienische Wahrsagerin in Mailand während einer Session beobachten durfte. Ihr Klient bezweifelte ihre Fähigkeit, da sie ihm eine besonders unerwartete Wendung in einer privaten Angelegenheit prophezeite. Hierauf rührte sie ein Orakel mit einem Eiklar an und beschrieb ihm ein Ereignis aus der letzten Woche, das ihm widerfahren war. Der Klient war darüber äußerst verblüfft und gleichzeitig von der Hellsicht der Wahrsagerin derart entsetzt, dass er ihr Kabinett beinahe flucht- artig verließ, um seine private Angelegenheit noch im Vorfeld zu regeln.

Magische Tinte
Ein Blick in die Tiefe

Dieses Orakel wird vor allem von arabischen Wahrsagern ge- schätzt. Es ist eng verwandt mit dem in unseren Breiten ge- pflegten Kristallsehen, da sich zum einen das Vorgehen gleicht und es zum anderen eine gleichartige trancehafte Stimmung bei der Schau bewirkt. Sofern Sie also bei diesem Orakel zu einer Sicht gelangen, werden Sie auch beim Blick in eine Kristallku- gel kaum Schwierigkeiten haben, eine Schau über die Zeit hin- weg zu erreichen.

Zur Vorbereitung auf das Orakel füllen Sie eine Schale knapp fingerbreit mit Wasser und ziehen Sie sich darauf an Ihre Ora- kelstätte zurück. Dort zünden Sie eine Kerze an und stellen die Schale vor sich. Haben Sie Ihre Frage an das Orakel bedacht, sprechen Sie sie laut aus und träufeln anschließend drei Tropfen Tinte in das Wasser. Am besten geschieht dies mit einem Kol- benfüller oder einer Schreibfeder.

Blicken Sie jetzt auf die Tinte in der Schale, sehen Sie, wie sie sich unter dem Wasserspiegel erweitert und an den Rändern ausfranst und ausflockt. Gleichzeitig sehen Sie auf der Ober- fläche eine Zeichnung aus Resttinte, die noch nicht abgesunken ist. Diese Zeichnung verändert sich ganz allmählich, während sich die Tinte am Grund weiter ausdehnt. In dieser zweifachen Bewegung können Sie erste Hinweise darauf erkennen, was Ihnen das Orakel zu sagen hat. Konzentrieren Sie sich dabei auf die Figur der auf der Oberfläche schwimmenden Zeichnung. Erkennen Sie hierbei Zeichen, die Ihre Frage illustrieren, dürfen Sie bereits mit der Deutung beginnen. Sprechen Sie laut aus, was Sie sehen, werden Sie erleben, wie das Orakel mit Ihnen kommuniziert, wie es Ihrer Deutung folgt beziehungsweise sich ihr verweigert. In dieser Weise tasten Sie sich näher und näher an die Antwort des Orakels heran. Unterdessen temperiert die Bewegung der Tinte am Grund der Schale die Stimmung, die Sie beschreiben.

Während Sie sich in dieser Weise sehend und deutend dem Orakel nähern, werden Sie bemerken, wie sich ihr Blick verengt und die Welt um sie zurückzutreten scheint. Schütteln Sie diese sanfte Trance nicht von sich ab, indem Sie sich umschauen oder körperlich verspannen. Bleiben Sie in entspannter Zwiesprache mit dem Orakel. Die sich einstellende Trance ist zudem meist auch ein Zeichen dafür, die zweite Stufe des Orakels angehen zu dürfen. Für gewöhnlich geht sie zeitgleich mit der zum Stillstand gelangenden Bewegung der Tinte in der Schale einher.

Rühren Sie jetzt mit dem Zeigefinger der linken Hand das Wasser in der Schale um, bis sich die Tinte restlos verteilt hat. Danach setzen Sie Ihre Betrachtung fort. Nunmehr blicken Sie auf die Oberfläche des verfärbten Wassers. Sie wird auf Sie wie ein Spiegel wirken, der eine geheimnisvolle Tiefe besitzt. Lassen Sie sich von dieser Tiefe inspirieren, schauen Sie in sie hinein und versenken Sie Ihren Blick immer tiefer in ihr. Alsbald wird diese Tiefe für Sie ohne Grund sein. Gleichzeitig werden Sie in ihr Bilder, Schleier, Lichtblitze und Bewegungen sehen, die Ihre anfängliche Schau aufgreifen und fortsetzen. Setzen Sie die begonnene Zwiesprache mit dem Orakel fort, indem Sie Ihre Sicht beschreiben und ausdeuten.

Allmählich wird Ihr Blick die Tiefe verlieren und an der Oberfläche des Wasserspiegels haften bleiben; mit der Tiefe aber verliert sich auch die sanfte Trance, die Sie erfasst hatte. Beschließen Sie dann die Sitzung, indem Sie die Kerze löschen und das Gesehene noch für eine kurze Weile bedenken.

Die Dauer einer solchen Sitzung kann sehr unterschiedlich lange währen. Mal verliert sich eine Schau in den Tintenspiegel schon nach fünf Minuten, mal wird eine Stunde wie im Flug verstreichen, und Sie werden immer noch kein Ende Ihrer Sicht absehen. Freilich sollten Sie eine Schau in jedem Fall beenden, sobald Sie bemerken, dass Ihre Frage hinreichend beantwortet wurde oder sich Bilder vor Ihren Blick zu drängen beginnen, die mit der eigentlichen Absicht Ihrer Schau nichts mehr gemein haben. Würden Sie dennoch weiter blicken, stießen Sie nur in einen okkulten Bereich vor, der wenig Erhellendes, dafür aber umso mehr Schattenhaftes und Irritierendes mit sich führt. Solches Sehen hätte nichts mehr mit einem Orakel gemein, sondern würde Sie in den Bereich der Spiritisten und Geisterbeschwörer führen.

Lauschen
Was die Zukunft spricht

Auch wenn der heilige Augustinus als späterer Kirchenlehrer das Wahrsagen verurteilte, gingen seiner Bekehrung dennoch zwei wichtige Omen voraus, die auch heute noch zur Orakelkunst zählen. Während seiner Studien vernahm er immer wieder die Worte »nimm und lies«. Ein Kind aus dem Nachbarhaus plapperte sie vor sich hin. Schließlich sah Augustinus darin ein Hör-Omen. Also griff er nach den Paulusbriefen, schlug sie auf, und sein Auge fiel als Erstes auf den 13. Vers im 13. Kapitel der Römerbriefe. Durch diese Textstelle zutiefst angesprochen, widerfuhr ihm jene Offenbarung, die sein Leben von Grund auf änderte.

Das Augustinus ermunternde Hör-Omen ist wie das Kristallsehen im Vorfeld der ekstatischen Orakel angesiedelt, da es häufig mit einer zuvor bewusst herbeigeführten Trance einhergeht, die es dem Lauschenden erleichtern soll, aus dem Gehörten die Stimme des Schicksals herauszuhören.

Dem leisen Schritt des noch Verhüllten zu lauschen dürfte eine der ersten Orakelkünste überhaupt gewesen sein. Wir können seine ursprüngliche Kraft leicht nachvollziehen, wenn wir gleich unseren Vorfahren einsam durch einen Wald streifen oder in der Nacht im Freien an einem Feuer sitzen. Schon nach einer kurzen Spanne nehmen wir seltsam fremde Geräusche wahr, die wir allesamt auf uns beziehen und die uns mal beglücken und ein andermal erschauern lassen. Es ist, als spräche die Natur um uns herum mit tausend Stimmen zu uns. Als wollte sie uns locken, warnen oder drohen. Und angespannt horchen wir dem Knacken und Wispern, dem Schnauben, Zischeln, Zwitschern und Bellen. Lauschen wir weiter, beginnen wir, in diesen Lauten etwas Verborgenes zu hören, das sich uns mitteilen möchte. Und richten wir an das, was uns in Ohr und Gemüt klingt, mutig oder leichthin eine Frage, bemerken wir erschreckt wie erstaunt, dass uns Antwort gegeben wird.

Von solch befangenem Lauschen in die Natur ist es nur ein kleiner Schritt zum eigentlichen Horchorakel. Wollen Sie sich darin üben, sollten Sie sich freilich mehr Zeit als sonst gönnen, denn die Vorbereitung auf dieses Orakel dauert ein gutes Weilchen.

Begeben Sie sich hierfür an Ihren Orakelplatz, zünden Sie eine Kerze an und verschließen Sie sich die Ohren mit Watte oder einem der handelsüblichen Geräuschdämmer. Bleiben Sie so etwa eine halbe Stunde entspannt und schweigend sitzen. Genießen Sie die Ruhe, die Sie umschließt, und bedenken Sie dabei die Frage, die Sie an das Orakel richten wollen. Ist die vorbereitende halbe Stunde verstrichen, löschen Sie die Kerze, schließen Ihre Augen und nehmen sich die Watte aus den Ohren. Jetzt horchen Sie mit geschärftem Gehör auf die Geräusche Ihrer Umgebung. Vielleicht haben Sie zu Beginn der Sitzung Ihr Fenster geöffnet, sodass Sie nun auch die Geräusche, die von außen kommen, ungefiltert wahrnehmen. Bewegen Sie sich möglichst wenig und konzentrieren Sie sich ganz auf das Erlauschte. Versuchen Sie dabei nicht, die Töne zu bestimmen oder zuzuordnen. Lassen Sie sich vielmehr von Ihrer Frage lenken und achten Sie auf die Zwischentöne, mit denen das Orakel versucht, sich Ihnen mitzuteilen. Gehen Sie darauf ein, tritt die eigentliche Qualität des Geräusches zunehmend in den Hintergrund, und Sie beginnen mit einem inneren Ohr zu hören. Und mit einem Male werden Sie Rhythmen erkennen, die sich allmählich zu einem Murmeln wandeln, das Ihnen eine Antwort auf Ihre Frage zuflüstert. Mit diesem offensichtlich an Sie gerichteten Ton können Sie dann in Zwiesprache treten und das Orakel weiter befragen. Halten Sie Ihre Augen dazu weiterhin geschlossen und bewahren Sie sich die leichte Trance, die Sie mit der wahrgenommenen Veränderung der Töne erfasst hat. Sobald sich das Orakel erschöpft, werden Sie die Geräusche in Ihrer Umgebung wieder in gewohnter Klarheit und Selbstverständlichkeit wahrnehmen. Beenden Sie darauf die Sitzung, indem Sie Ihre Augen öffnen und sich räkelnd bewegen. Gönnen Sie sich danach noch die Muße, das Vernommene zu bedenken und daraus Ihre Schlüsse zu ziehen.

Häufig geschieht es auch, dass, nachdem Sie die Watte aus Ihren Ohren genommen haben, Sie die Antwort nicht aus den Geräuschen heraushorchen, sondern eine zufällige Stimme von draußen erhaschen, die Ihnen eine eindeutige Antwort auf Ihre Frage zuruft. Das kann eine knappe Bejahung oder Verneinung sein, ebenso wie ein Satz, der zu Ihrer Frage passt und von dem Sie augenblicklich intuitiv wissen, dass hier die Stimme des Orakels zu Ihnen spricht. Widerfährt Ihnen ein solcher Zuspruch, sollten Sie gleichfalls das Orakel beenden.

Jedes Horch-Orakel verlangt ein hohes Maß an Disziplin und Hingabe, schließlich ist es das feinsinnigste der hier vorgestellten inspirierenden Orakel. Wer sich nicht ganz zu lösen versteht oder unruhig nach Ergebnissen drängt, wird sich kaum so weit verlieren, dass er die Stimme des Orakels vernimmt, sondern sich mit dem Lärm seiner eigenen Gedanken begnügen müssen.

213

Neben der Bereitschaft, sich in sinnlicher Weise dem Übersinnlichen anzudienen und sich von seiner Eingebungskraft leiten zu lassen, ist auf der anderen Seite eine charakterliche Verfasstheit und nüchterne Ernsthaftigkeit notwendig, um von dem Erlebten wieder in den Alltag zurückzufinden und nicht fortgesetzt hinter jedem Gesagten und Erlauschten hintergründige Botschaften zu suchen oder zu vermuten.

Gleichwohl schulen Sie mit dem Horchen auch Ihre intuitive Fähigkeit so weit, dass Sie in Ihrem Alltag Zeichen eines »Anganges« sicher wahrnehmen werden. Hiermit sind jene Momente inspirierender Beunruhigung gemeint, die Sie erfassen, sobald Sie ein Omen sehen oder vernehmen. Dies mag eine flüchtige Begegnung oder ein hingeworfener Satz sein, die an sich ohne Bedeutung sind. Dennoch signalisiert Ihnen Ihre Intuition gleichzeitig zu Ihrer Wahrnehmung unmissverständlich, dass sich hier für einen Augenblick der Schleier des Unbestimmten gelüftet hat und sich Schicksalhaftes offenbarte.

So geschah es mir einmal, als sich die ganze Familie wieder einmal zu einem großen Schmaus traf, dass meine Mutter nebenbei bemerkte, wann sich wohl alle so noch einmal zusammenfinden werden. Es lag keine Befürchtung in diesem Satz, sondern nur der schlichte Wunsch, dass sich dieses Beisammensein alsbald wiederholen solle. Und an der baldigen Erfüllung ihres Wunsches gab es auch keinen erkennbaren Zweifel. Indes erlebte ich diesen Satz als ein Omen und wusste augenblicklich, dass dieses Zusammensein das letzte seiner Art sein würde. Danach gingen zehn Jahre ins Land; man traf sich hier und dort, doch niemals mehr war die Familie vollständig. Und als sich endlich die ganze Familie wieder an einer großen Tafel traf, war es das Leichenmahl für den aus dem Kreis geschiedenen Vater.

Im folgenden Abschnitt finden Sie eine Auflistung der herkömmlichen Orakeltage, mit einem besonderen Hinweis auf die so genannten Lauschtage, an denen seit alters Horch-Orakel praktiziert und bis heute noch gepflegt werden.

Günstige Orakeltage
im Jahreslauf

*V*on jeher schienen sich bestimmte Tage für die Befragung des Schicksals besser zu eignen als andere. Und so wie wir heute zu Silvester das Geschick des kommenden Jahres durch allerlei Orakel erforschen, wurde in früheren Zeiten zu allen hohen Festtagen das Orakel befragt. Wähnte man doch an diesen Tagen die Götter, denen man zuvor geopfert hatte, milde gestimmt und erhoffte sich daher von ihnen besonders günstige Winke des Schicksals. Dies ist übrigens heute nicht viel anders, weshalb etwa zu Ostern oder Weihnachten häufiger als sonst ein Orakel genutzt wird. Auch persönliche Feiertage wie ein Geburtstag oder Hochzeitstag sind für uns Anlässe, ein wenig den Schleier des Zukünftigen zu lüften.

Zudem sind auch heute noch etliche der alten Orakeltage ganz allgemein als schicksalsträchtige Tage geläufig, an denen man besonders auf mögliche Vorzeichen achtet, so zum Beispiel in der Fastnacht, der Walpurgisnacht, an Halloween beziehungsweise Allerheiligen oder zu den beiden Sonnwendtagen an Johannis im Sommer und in der Thomasnacht zur Wintersonnenwende. Andere herkömmliche Orakeltage, auch Lostage genannt, haben indes heute oft nur noch regionale Bedeutung.

Dass die meisten bedeutenden Orakeltage auch heute noch erinnert werden, kommt sicher nicht von ungefähr. Wir dürfen daher annehmen, dass diese Tage über Jahrtausende hinweg von sensiblen Menschen empfunden wurden. Jedenfalls wird schon seit undenklichen Zeiten an den weiter unten aufgelisteten Tagen gelost und das Orakel befragt. Und da an diesen Tagen bis in unsere Zeit hinein neben persönlichen Schicksalsfragen auch meist das künftige Wettergeschehen gedeutet wurde, galten sie auch den weniger Sensiblen als hinreichend schicksalsträchtig. Schließlich gründeten die Regeln und Gebräuche für die meteorologische Losung auf der eingehenden Beobachtung von wiederkehrendem Wettergeschehen, und dementsprechend überzeugten auch die an Lostagen getroffenen Wettervorhersagen. Gleiche Treffsicherheit wurde daher auch für die persönliche wie allgemeine Zukunftschau erhofft. Und so scheinen diese Tage zu Verdichtungen im ewigen Lauf der Zeit geworden zu sein, zu denen wir in besonderem Maße für schicksalhafte und schicksalslenkende Einsichten offen sind. Es scheint beinahe so, als rücke uns zu dieser Zeit das Künftige ein gutes Stückchen näher und erschiene uns so ein wenig transparenter als an den übrigen Tagen. Haben Sie also eine besonders wichtige Frage an das Schicksal, dürfte es sich durchaus lohnen, damit bis zu einem dieser ausgewählten Tage auszuharren, um ein klärendes Orakel zu bemühen.

In der Auflistung günstiger Orakeltage sind alle gemeinhin üblichen 86 Lostage zusammengefasst. Die mit einem Stern versehenen Lostage gelten als besondere Tage. An diesen Tagen offenbart sich zukünftiges Geschick oft am eindringlichsten. Daher werden an diesen Lostagen seit alters neben Fragen zum eigenen Geschick auch besorgte wie Hoffnung heischende Fragen zu den Zeitläuften gestellt.

Neben diesen allgemeinen Lostagen gibt es auch die Lausch- oder Horchnächte, in denen dem Schicksal nachgespürt oder besser gesagt gelauscht wird. Jedenfalls empfiehlt es sich an diesen Stunden, sich des beschriebenen Lauschorakels zu erinnern und nicht nur seiner inneren Stimme zuzuhören, sondern auch bewusst in die Nacht hinein zu lauschen, um Erhellendes zu vernehmen. Um sich auf dieses Orakel einzulassen, sollten Sie sich ins Freie begeben und sich zunächst eine Stunde in aller Stille sammeln. Dabei schadet es nicht, wenn Sie zu mehreren in die Nacht hinaus gehen und sich so gegenseitig die Furcht vor der Dunkelheit nehmen.

Als Lauschnächte gelten insbesondere die Abende vor Andreas am 30. November; Barbara, Lucia und Thomas am 4., 13. und 21. Dezember; die Heilige Nacht, der Silvesterabend sowie die Abende vor Heilige Drei Könige und Mariä Lichtmess; außerdem die Walpurgisnacht und die Nacht des Johannistages. Aber auch die Abende vor Fastnacht, Karfreitag, Ostersonntag und Mariä Verkündigung am 25. März gelten mancherorts als Lauschnächte.

Orakeltage im Januar

1. Neujahr*
2. Makarius
3. Genoveva
6. Heilig Drei König*
15. Paul der Einsiedler
17. Antonius
20. Fabian, Sebastian
22. Vinzenz
25. Paulus' Bekehrung*
31. Petrus

Orakeltage im Februar

2. Mariä Lichtmess*
3. Blasius
5. Agathe
6. Dorothea
14. St. Valentin
22. Petri Stuhlfeier
24. Matthias*

Orakeltage im März

Am 1. sollte man
   keinesfalls losen.
10. Vierzig Märtyrer
12. Gregor
17. Gertrud*
19. Josephi
21. Benediktus
25. Mariä Verkündigung

Orakeltage im April

Am 1. sollte man
   keinesfalls losen.
3. Christian
14. Tiburtius
15. Olympia
20. Alter Maitag
23. Georg
24. Adalbert
25. Markus*
28. Vitalis
30. Walpurgisnacht

Orakeltage im Mai

01. Philipp und Jakobi*
04. Florian
11. Mamertus
12. Pankratius*
13. Servatius*
14. Bonifatius*
25. Urban

Orakeltage im Juni

02. Eugen
05. Bonifatius
08. Medardus
10. Margareta Regina
11. Barnabas
15. Vitus
22. 1000 Ritter
24. Johannes der Täufer*
26. Johannes und Paul
27. Siebenschläfer*
29. Peter und Paul

Orakeltage im Juli

02. Mariä Heimsuchung
04. Ulrich
10. Sieben Brüder
13. Margareta
15. Apostel Teilung
22. Maria Magdalena
25. Jakobus*
26. Anna

Orakeltage im August

Am 1. sollte man
   keinesfalls losen.
10. Laurentius
15. Mariä Himmelfahrt
20. Bernhard
24. Bartholomäus*

Orakeltage im September

1. Aegidius
8. Mariä Geburt
17. Lambert
21. Matthäus*
29. Michaeli

Orakeltage im Oktober

09. Dionysius
16. Gallus
20. Wendelin
21. Ursula
28. Simon und Judas
31. Wolfgang
   Kirchweih
   (3. Sonntag)

Orakeltage im November

1. Allerheiligen
03. St. Hubertus
11. St. Martin
19. Elisabeth
23. Klemens
25. Katharina
30. Andreastag*

Orakeltage im Dezember

Am 1. sollte man
   keinesfalls losen.
4. Barbara
13. Luzia
21. Thomastag*
24. Heiligabend*
31. Silvester*
   Außerdem die
   12 Raunächte vom
   25. Dezember bis
   6. Januar

Orakeltage zu beweglichen Festen

Fastnacht
Aschermittwoch
Alle 5 Fastensonntage
Palmsonntag
Gründonnerstag
Karfreitag
Ostersonntag
Christi Himmelfahrt
Pfingsten
Fronleichnam
Dreifaltigkeitsfest
   (1. Sonntag nach
   Pfingsten)
Quatembertage
   (Mittwoch, Freitag
   und Samstag nach
   Beginn der Jahres-
   zeiten sowie nach
   dem 3. Advent, dem
   1. Fastensonntag,
   Pfingsten und
   Kreuzerhöhung
   14.9.)

Register

Die Antworten des Orakels

Die Antworten der 16 Figuren des Gänseblümchen-Orakels

Die Antworten auf die 32 Fragen an das
Gänseblümchen-Orakel

Die Antworten der Würfel

Die Antworten der Zahlen

Die Antworten der Karten